创业小败局

创业公司长演不衰的21种经典死法

(案例集)

创业家&i黑马 编著

时代出版传媒股份有限公司
北京时代华文书局

图书在版编目（CIP）数据

创业小败局：创业公司长演不衰的 21 种经典死法：案例集 / 创业家 &i 黑马编著 . -- 北京：北京时代华文书局，2014.7
ISBN 978-7-80769-739-8

Ⅰ . ①创… Ⅱ . ①创… Ⅲ . ①企业管理－案例－中国
Ⅳ . ① F279.23

中国版本图书馆 CIP 数据核字 (2012) 第 158133 号

创业小败局 ：创业公司长演不衰的 21 种经典死法：案例集

编　　者 | 创业家 &i 黑马

出 版 人 | 田海明　朱智润
选题策划 | 程　峰
责任编辑 | 张国平　梁　静
特约编辑 | 姜一鸣　王唯径
装帧设计 | 陈宇婕

出版发行 | 时代出版传媒股份有限公司 http://www.press-mart.com
北京时代华文书局 http://www.bjsdsj.com.cn
北京市东城区安定门外大街 136 号皇城国际大厦 A 座 8 楼
邮编：100011　电话：010 - 64267120　64267397
印　　刷 | 三河市龙大印装有限公司　13803226416
如有印刷、装订质量问题，请致电 010-85866447（免费更换，邮寄到付）
开　　本 | 710×1000mm　1/16
印　　张 | 17
字　　数 | 208 千字
版　　次 | 2014 年 8 月第 1 版　　2016 年 4 月第 4 次印刷
书　　号 | ISBN 978-7-80769-739-8
定　　价 | 42.00 元

读客®图书

目　录

很多创业者是觉得自己发现了一个牛X的商业模式去创业的，但实操中会发现，所谓的完美商业模式根本就没有存在过。放眼现在最牛的商业模式，都是创始人和其团队在实践中不断调整提升的结果。想出来的商业模式不是你的，做出来的才是你的。不被市场认可的所谓完美商业模式都是耍流氓。

当一个创业公司进入到可规模成长的阶段，创始人难免激动，按捺不住“踩到西瓜皮”的冲动，这种成功在望的兴奋感，往往会让创始人犯好大喜功的毛病，盲目堆人，堆钱，开疆拓土，却忽略了团队、体系和管理等基础性工作，某个时点，各种定时炸弹引爆，让创始人粉身碎骨，从云端跌落到深渊。

编委会成员名单

主编

卢旭成

副主编

王冀 杨硕

作者

刘建强

和阳

王静静

王采臣

陆海天

石海威

卢旭成

田茗

王根旺

韦龑

杨硕

梅初九

崔富程

董生辉 巴山农夫创始人

熬

推荐序1
创业是一种修行

在《创业小败局》中，我们看到各个创业公司不同的“死法”。其实，无论小败局，还是大败局，失败的理由有千万种，而通往成功的道路却艰辛而狭窄。

因为创业就像是一个十项全能比赛，它是对领导者智力、情商、体能、人格魅力等各方面综合能力的大考验，有一个环节出现差错，就有可能前功尽弃。

我们研究失败，一方面能够学习到一家公司在“技术”层面可能遇到的难题，比如怎么找合伙人，如何融资；另一方面，尽可能多地从反面了解到让一家公司掉进的深渊、陷进去的“坑”都有哪些，能避免重蹈覆辙。

但在我看来，走向成功更为核心的是那些“软实力”，比如信念。有人会说，信念不就是创业的热情吗？当然不是。如果光光是热情，可能当你账上没有钱了，团队集体离职了，或者辛苦研发出的产品无人问津……发生任何一件这样大的挫折，你的热情也立刻随之消失了。

创业是什么？

创业是一种修行。除了要有正确的方向和不断自醒的精神，更要有坚定的信念，才能让我们不断接近心中的目标。

58同城从创业到IPO经历了7年多的时间。当初，我曾经和投资人信心满满地讲58同城三四年就能上市，结果发现要培养中国几千万中小商户上网的习惯，让他们喜欢用58同城这个生活服务平台去营销，同时还要找到用户喜欢、商户接受的收费模式，这是一件多么难以实现的命题。光第一个100万注册商户，就花了3年的时间。

我们尝试过各种收费模式，还做过电子杂志。最难的时候，发不出工资，回家我和老婆拿了银行卡给员工发工资。

即使在最困难的时候，我也一直非常有信心。这是因为当我研究美国前十大网站，发现Craglist这个全球分类信息网站鼻祖时，我就喜欢上了这个模式，并且坚信它能给用户和商户搭建信任平台，最终使用户的选择更为简单。

在《创业小败局》的许多故事中，创业者可能还没有经历这个痛苦的煎熬过程就已经败下阵来，这和经验、眼光、学识等都密不可分。创业是一个系统工程，不是简单地补上哪一课就能补上短板的。如果失败了，创业者依然发自内心想做这个行当，不妨一头扎进去，花上几年时间进行沉淀。这时候的学习是方向性极强，并且吸收养分效率最高的。

有些人说，我能否边创业，边学习。我认为，有持续学习能力的人才能创业，但创业后才开始学习，了解这个行业，这是一个非常危险的事情。

如果你将创业看作一个过程，失败是这条道路上必经的风景，只是看待它的角度各有不同，而这有可能是未来你能否成功的重要因素。

58同城创始人 姚劲波

推荐序2
失败是一种可以倒推的因果

很荣幸能有此机会为《创业小败局》写序，并且推荐所有创业者仔细阅读。“小败局”意味着企业的暂时失利，从“小败局”中吸取养分，才能避免“大败局”的出现。

为什么我们研究失败？因为成功是偶然的，有不可复制性，创业有N个环节，包括创业的时机、选择的方向、团队的组建、风格的选择、营销的手法、融资的节奏等等，只有所有环节都“对”了，企业才具备成功的可能，注意，是“可能”。但是，不成功却有必然因素，通过对本书多个案例的研读，读者们会发现，每家失败企业都有其相似之处。所以成功是不能倒推出因果的，但是失败可以。

有统计显示，中国企业能活过三年的不超过10%，创业企业死亡率逼近90%，高死亡率下，对创业者而言，真正严肃的问题只有一个：明天你的企业是生还是死？你得养成杞人忧天的思维习惯，因为你所身处的领域一天一变，如果不思虑深远，想到明天自己是否将会死去，将会死于谁之手，创业者恐怕连前进的方向都找不到。

说到方向，创业者必须深入了解所选择行业的痛点，知道行业具体的需求在哪里。很多时候，外行可能只在表面看到一个东西或产品火了，而看不到背后的规律，那就是它解决了这个行业的某个痛点。对创业者而言，这个痛点能不能挖掘出来，需要下很大的功夫，需要在这个行业沉淀很长时间。

有的企业选错痛点，比如选择做资源依附型企业，这类企业的风险是，成功有多快，倒下就有多快。如本书中提到的亿佰购物，这家企业利用信用卡分期付款迅速做大，却不知道自己只是依附机构的阶段性合作伙伴，当依附的大厦将倾还不自知，失败一定是必然。

有了方向，首先需要选择进入的时机。比如在线教育一定是大趋势，因此互联网巨头相继在此布局。但是，如果作为一个市场先行者，在没有资本的支持下贸然进入，失败一定是必然的。在这之前，在线教育领域倒下了许多创业者。市场需要时间培育，一个产品做得太早或者做得太迟都不好，太早会成为先烈，太晚会成为失败的跟风者。眼下，创业市场最大的通病就是“用互联网改造传统产业”，只迷信产品，不注意线下资源整合，使这一领域成为创业理想的“死亡之谷”。

发展节奏也是考验创业者把握局面能力的试金石，这个阶段最容易出现的问题就是贪大和死不认输。发展节奏其实考验的是创业者在追求函数偏好与企业价值最大化过程中的一种选择。比如本书中提到的唯礼网，一直固守把“支出，冲量，再融资，再循环”的互联网“成熟”打法复制到礼品业，全然不顾这个法门已然行不通，仍拼到头破血流。唯礼网创始人对融资支撑电商的打法心存侥幸，这和许多创业者是一样的：我是特殊的，我能从焦土战中幸存下来。

这里还要多说一句，撑过三年死亡线的创业者，你应该停下来审视一下，你还在自己当初设定的目标和市场定位上吗？虽然各有各的死法，但跑偏了一定死得更惨烈。如果方向光明，坚持就是走向成功最重要的力量。不管谁创业，都会遇到自己意想不到的艰辛过程，所以一定要有充足的心理准备，打死不放弃。

最后我想提的就是创业企业与资本的关系，有多少钱办多少事，扶正创业目标与资本目标的偏差。世上只有锦上添花的资本家，没有雪中送炭的真金白银。正如本书所提到的团宝网的经历，当年排名前十的团购网站——团宝网在倒闭前做最后挣扎时，资本方宁肯损失之前投入的2亿，也不肯再施援手，其创始人任春雷对资本的冷与热有了最切身的感受。同样，本书所提及的另一个案例，一款应用产品“搜吃搜玩”，为了迎合资本方，在没有商业模式的前提下冲在“风投的喜好”之前，失败的结局也是注定的。

任何创业都是艰难的，也许创业者每一天都会经历各种各样的“小败局”，但是创业者心中的热情与梦想是不能磨灭的。“这是最好的时代，这也是最坏的时代；这是希望之春，这也是失望之冬”；失败，并不可怕，要看我们从何种角度去解析，对失败解析得越深刻，我们就离成功越近。

希望这本书能让众多创业者快速成长起来，希望所有的创业者都学会在经历一个个小败局后，成长为强大的破局者。

学大教育CEO 金鑫

前言
请微笑面对失败

吴晓波曾经写过一本影响甚大的《大败局》，那里面惊心动魄的失败故事深刻地影响了中国的企业界和社会大众，很多人把它当作生存历史来看。的确，《大败局》里的很多故事都曾经是我个人采访、见证过的一些大企业的失败故事。在《中国企业家》杂志工作的十余年时间里，研究失败曾经是很重要的工作内容。但是在改革开放早期的二十世纪八九十年代，很多大企业失败背后的非商业因素很重，社会因素很重，有时候这看起来更像是一部社会史，而不像是一部商业史。你在里面看到的更多是企业家与社会磨合的问题。企业家，尤其是大企业家，为中国的商业进步付出了整体的社会代价，这是令我们一再感慨的地方。

但是对于创业者来讲，失败很少有社会的因素，更多是从零到一的试错。在创办《创业家》杂志的这五六年时间里，我们不但通过大赛在寻找小有未来的“小黑马”，还通过黑马营来不断帮助他们进行创始人的培训。我们把创业者的失败叫作“小败局”，是因为这是一个成千上万的普通人开始创业的大时代，这是大时代里的小败局。

我们看到这些小创业者身上，那些失败看起来没有那么宏大，没有那么多的社会意义。其实对于创业者来讲，如何让自己变得像个创始人，能够忍受一些痛苦，能够更多地考虑投资人、用户和员工的利益；如何从零起步，开发一款有市场的产品；如何搭建更好的商业模式，把你的生意放大；如何不断地跟投资者打交道，获取一轮一轮的融资支持……这些简单的ABC，是创业者每天面对的生存问题，它们非常真实，非常鲜活。在这些问题上遭遇的挫败，可以说是99%的创业者都会面对的问题，只不过有的人在面对这些问题的时候，善于总结，能够挺住，能够爬过最艰难的死亡谷。

在创业的大时代里，每位创业者碰到的个性化的小败局，都充满了方法论、必然性和可参考性。它像人类的童年所犯的错误，在你长大之后看到自己童年的纪录片，看到你的摔倒，看到你的哭泣，看到你被猫咬，看到你被灯泡烫，看到你吃了不该吃的东西，看到这些的时候你会会心一笑。这是人类童年必然付出的，每个人都要这样。

我不希望大家用看《大败局》的心态来看《创业小败局》。我希望大家用看人类童年的方式，来看这些可爱的、真实的、值得尊敬的试错，他们的试错会给绝大多数创业者带来非常好的操作案例。但是你就是看多少遍这样的案例，当你开始创业的时候，还是有极大的概率再犯同样的错误。我们不指望创业者看到这些案例就能避免失败，我们更多地指望就是当你碰到类似失败的时候，你会告诉自己，“我肯定会犯这样的错误，我不会放弃，我会坚持，我会再重新开始，我会再忍耐，等待一个新的生机”，就如同你看到自己童年时的摔倒一样，我相信你返老还童还会这样。但是你不要害怕，那是成长的代价，成千上万的创业者每天都面临失败，每天都面临挫折，每天都面临试错，面临失败你坦然并且能够坚持，这是一个创业国度里最重要的国民素质。

硅谷之所以能成为一个伟大的创业圣地，最重要的就是宽容失败。我们在斯坦福大学学习的时候，教授讲的最重要的一句话就是，在斯坦福大学的商学院和工学院里没有“失败”这个词，而是用“试错”来代替。你的任何一个东西都可能是错的，你不过是在尝试通向正确的一条通路，这就没有那么多悲剧性了。

国人面临失败的时候总是很沉重，因为中国社会对于失败者的确不太宽容。而且聚集资源和勇气去创业，对普通人很难，大部分人都不希望有一次错误和失败，当一个人曾经辜负过或者是辜负了早期对他信任的天使或者家人，失败之后，往往很难再次获得信任，很难东山再起，这跟硅谷正好相反。在硅谷，如果你失败过，你获得重新支持的可能性会大于一个从来没有失败过的人。硅谷相信人会从自己的失败中学到更多的东西，而不是从成功中，正如同人类在童年时会从自己的摔跤中学到更多奔跑的经验。我们多么希望这本书能够使中国的创业生态更加趋近于硅谷的生态！

请你微笑面对失败，微笑看着别人摔跤，也看着自己摔跤，不经过摔跤就长不大。我希望你读完这本书也是带着释然的心情，而不是带着痛不欲生的心情。

《创业家》杂志社社长 牛文文

第1章 资源依附者的哀歌

做资源依附型创业，有如在沙滩上建大厦，起得有多快，倒下就有多快！如果你没有深厚的背景，却很幸运地获得了强大的资源支持，那你一定要警惕！要你命的可能正是给你钱和资源的巨头们。也许你其实只是巨头前进的垫脚石，探路的卒子，抑或根本不在乎的一个小项目。成也资源，败也资源，个中滋味值得创业者好好玩味。

1.资源是饼，也是坑

试错人：朱郁丛
项目名称：求职帮
主营业务：社会招聘
试错时间：2011年8月
—2013年2月

对创业者而言，真正严肃的问题只有一个：明天你的企业是生还是死？你得养成杞人忧天的思维习惯，因为你所身处的领域一天一变，如果不思虑深远，想到明天自己将会死于谁手，创业者恐怕连前进的方向都找不到。

但资源依附型的创业者在进行决策时，会不由自主地降低风险的权重。他们很晚才开始考虑未来怎么养活团队、怎么赢利。这种思考方式也算合乎情理，在中国，拥有资源的多少在很多时候是制胜的关键因素，但是草根创业者不适合做此类思考。

你最多掌握自己的命运，如何左右他人的决定？他人一旦出错，你就会死。如果创业者把自己的生死问题寄托于他人身上，他的创业一定不会成。

对朱郁丛而言，他因此损失了80万元积蓄，损失了作为搜房网家居集团大区总经理的收入。2011年8月起至今，他还无法给家人带来稳定的安全感。不过，交了学费，痛过了，这段经历就有可能成为创业者自己的财富。朱郁丛现在觉得，资源依附型创业者，并不拥有真正的创业心态。

我们希望当你面对成为资源依附型创业者的“机会”时，朱郁丛故事中的若干细节和总结能让你犹豫一下。以下为朱郁丛的自述。

招工时发现的机遇

在搜房网工作时，我开过两家餐厅。那时就发现招人特别难。我身边有些投资服务业的朋友也是这样，十几家店永远都在缺人。为什么这么难招人呢？

有需求的地方就一定会有商机。我就研究蓝领找工作的途径是什么，发现朋友介绍占六成以上。问题是，一个刚来北京打工的人，有多少朋友？他的朋友又能接触到多少企业的招聘信息？这些信息有多少是优质的？这些很容易想出来，这些条件全都符合的概率很小。

北京这些年网吧少了，他们上网很不方便。所以我想，他们可不可以通过手机来找工作呢？因为他们主要的社交、娱乐都是通过手机来完成的。但要他们用智能机上网获取一些信息，我觉得现在还是有一点早。带互联网概念的东西对这些人太绕了，那就用打电话的形式吧。

那打什么号码呢？只能是让他们信服的一个号码。事实上只有10086、114、116这些官方号码他们会信服。所以我就想，最好用户拨114说“我要找工作”。114那边问他想要找什么行业、什么岗位、什么薪资、什么区域的工作，然后会把符合岗位需求的信息发给他，再收集个人的信息，包括年龄、性别、学历、工作经验等8条，录入到数据库里面，以短信方式给他发送。

和联通的合作

后来一看，116、114都属于联通管。有个朋友也觉得这个项目不错，所以就牵了个线，推荐这个项目到联通。我们就跟联通的导航中心谈这个事儿。2011年八九月的样子，我们开了几次碰头会以后，把这个产品做了一个提案。联通也觉得这是个好产品，领导说这个项目不错，他们觉得商务利益、社会的公益性，还有营销的设计，都没有问题。剩下的就是走日常流程。

我觉得如果能得到联通的支持，由联通负责推广，借助这么大的平台，成功的几率应该比较高。我觉得跟联通合作这个事儿是比较靠谱的。说实话，联通能给这个机会，我觉得还是挺难得的。2005年、2006年那会儿，很多银行的积分兑换礼品项目交给了搜狐商城做，但搜狐商城自己做不了这个事，我的一个合伙人跟搜狐的人比较熟，他们就把这个转包给我们，我们靠这个挣了点钱。这也影响到我为什么不在我擅长的家居领域创业，而选择做联通。因为在中国就是这样，有的时候资源是制胜的。

当初我就没有去想，如果联通的效果不好怎么办？我根本就没有这个预案。我当时觉得，有这么大的一个平台来做支持，他们负责运营，一定能成。我觉得不可能出现什么问题，我就没做过这样的预案。

2012年7月份，联通这边出了问题，他们运营推广的效果跟我当初的预期差了很多。用户的反馈率远远低于当时我做调研时的数据，差了10倍。我就去跟联通掰扯这个事情，让联通做一些调整，比如宣传推广的力度翻倍什么的。但收到的短信营销的反馈依然不变，甚至还有下降的趋势。

这种情况是不可能存在的，在正常的逻辑下是不可能出现这种情况的。用户群跟当初调研时都是一样的，没有任何改变，也就是说如果宣传推广翻倍的话，曲线至少也该有相应的增长。我花了半年多时间做了7轮调研。联通直接承诺了它的推广力度、要投入多少资源、我跟联通的分成等等，我跟联通签的协议全部是按照我做调研的那些数据跟他们谈的。但没有增长反而在下降，这是不符合逻辑的。

后来联通居然说他们也找不出原因。我说如果这样的话，我不可能赔钱跟你们玩儿。搜房上市后不久，2011年8月份我离职开始做，期权只兑现了极少的一点。当时公司一个月运营成本六七万元。没有投资人，创业的80万元都是我自己的钱，那时差不多已经花了70多万元。到现在我没有买房，也没有买车。我还有小孩，我老婆在家里全职带小孩。那不是闲钱，可以说我是孤注一掷。

迷茫与反思

遇到这个问题怎么解决？下一步怎么去弄？我也不知道。自己已经失去了方向。公司在中关村，办公室很小，50来平方米，当时有9个人。我不知道别人有没有遇到过这种状态，我压力大到都不敢回公司。哪怕去联通，在那边跟他们的人泡着，差不多有一周的时间，我都不愿意在公司这边待着。

然后我开始反思，自己之前的工作出了哪些问题。我觉得联通也不是推诿。我觉得还不能把我的失败赖给联通。之前我没有进入创业的状态，现在客观来看就是这样。我觉得创业者有个状态很重要，我们要拎清楚我们是个人还是企业。那时候我还是跟职业经理人的感觉一样。想事情不够缜密，还是有点跟以前在企业里的做法一样，大方向没问题就可以做了，做完了再说。虽然不会真的粗到这种程度，但根源上还是这种思维方式。

高帅富创业我们不说，后面有些其他资源跟进的也不说。绝大部分的屌丝创业，不要想着我要改变、我要颠覆、我的理想什么的。你要先想办法活下来。你现在的状况，能活3个月还是5个月？在产品出来之前，你什么时候能够盈利？只有活下去，你才能够想未来，否则还不如在家里躺床上意淫一下。当有一天，你想到这个公司必须要活下去，要找到钱发下个月工资，这时候才是在慢慢进入到创业的状态。

但以前我的想法是什么呢？会考虑投入多少，可能的回报又是多少。前景不错，我有这个资源来做推广，我可能的预期是什么。我也会考虑风险，但会选择性地忽略风险，或者降低一下判断时的权重。

从那时候起，我才真正进入到创业者的角色。我疯狂地想我手上还有哪些筹码。这时跟联通的合作就像鸡肋一样，食之无味弃之可惜。2012年夏天，蔡文胜帮我下定了个决心，虽然他没投资我，但是他说既然是鸡肋就下决心砍掉，不要去可惜它。10月份，我决心按传统方法来做蓝领招聘。10月、11月，我在跑企业、谈企业，然后去江西老家找用户。村子里的人对岗位感兴趣，但是担心我是传销，在南方推广这个极难，我依然失败了。

我不能把家里面弄到一点积蓄都没有的境地，招工最好的时间就是春节这个阶段，所以我做到2013年春节就停止了，找到另外一家公司合作，我后面不再投入任何费用，由他们来运作这个项目，我还在里面占一些股份。

资源是饼，也是坑

资源看上去是个饼，但是如果自己不能独立的话，资源可能就是个坑。有些资源是好资源，你跟它合作，它能马上给你钱。还有一种资源，你跟它去合作，通过这个资源绕了一下，能不能直接给你钱，却是个未知数。所以把盈利的希望放在资源上不是好事。

这次算是栽得比较狠。从创业者的角度来说，如果你做这个事情是因为有某个资源而做，那你一定要离它远远的，因为一旦资源出问题的话，你这个事儿会遇到很大的阻碍，或者就不存在了。资源对我们最大的作用也就是锦上添花，如果想象成雪中送炭，那风险太大了。

文/和阳

点 评

安全宝创始人/黑马营师兄 马杰：

资源是坑胜似饼。我认为某个特定的资源是不能看作优势的，而且如果项目成败依赖于某个资源，那就是风险，是风险就要远离。在国内，我们看到了无数靠资源挣到钱的故事，但是我们必须要问自己，我们真的是可以干得了这件事情的人吗？事实上，我们最尊敬的商业公司，做的都是符合市场规律的生意，而不是靠资源或者关系。不是不用，是不靠！

资深创业研究学者/黑马顾问 龙真：

资源在创业过程中的位置是什么？这是本案例带给我们的深深思考。

正如创始人总结的那样，发现了一个非常大的用户群体未被满足的需求：蓝领工人缺乏有效地找工作的渠道。他们希望以通过有信服力的电话对接招聘信息这个方式来解决蓝领工人找工作这个刚需。在这个逻辑下，他们找到了中国联通这个资源巨头进行合作。

客户、资源和收入在创业过程中，往往是客观存在的。而提供的产品、运营和成本在创业过程中，往往都是主观可控的。在这主观和客观之间联系的是创始团队对于“客户需求的判断和评估”。

如果从上述角度来看，我们会发现问题其实非常明朗。整个商业模式运转不起来，特别是投入产出不成比例，核心原因不在于资源问题，而是创始团队对“客户需求的判断和评估”出现了问题。尽管团队做过7轮调研，但调研的方式可能出现了重大问题，由此而得出的调研结果带来了错误的决策，客户对于这个渠道的需求不强烈。

创始人总结出他对于资源的过度依赖的心理，这也是创业者的一种常见心态，但资源从来都不是一个正常公司的核心竞争力。拥有资源的优秀公司更应该有自我危机意识，以更好地钻研用户需求和产品，并不断地分化运营风险。只有那些得过且过的公司才会吃着资源的老本等待着身不由己的命运的摆布。

2.在和投资人的斗争中失败

试错人：小K
项目名称：匿名
主营业务：服装电商
试错时间：2013年7月
—2013年12月

创业是天赋人权，但作者并不鼓励大学生一毕业就去创业，理由有很多，最重要的一条是，眼高手低的大学生，创业的失败率实在是太高了。很多大学生可能想着，既然工作不好找，干脆自己创业做老板。这件事没那么容易。下面要说一个大学生（姑且叫他小K吧）创业失败的案例——这很典型，足以让众多野心勃勃想创业的大学生作为镜鉴。

我和我的投资人

我是南方人，个子并不高。在学校时，每次广播体操都会站在第一排，从小到大，学习成绩不算太好，也不算太坏。读的是家乡一所二流大学。由于家里比较穷，从大学开始，我就比其他同学更渴望成功，因此经常帮商家跑跑业务，倒卖生活用品等等，我通过自己的勤奋，积累起了第一笔资金。

这个过程中，我认识了后来的创业投资人。他是上海一家公司的老

板，做着家居建材方面的生意，据说身家数亿，年龄40来岁，人们都称他为何总。

有一次，何总带队到我们学校招聘，找不到路，刚好碰到我，我不但帮他指了路，还给了他一张名片，没想到因为这个，他居然记住了我。之后，他又来过几次学校，我比较能喝酒，跟他慢慢建立了不错的关系。

我读大学的时候打工，但绝对没有想过毕业后要创业，只是想赚点零花钱补贴家用。毕业后，我去了某家电商公司做销售，做了一年多，觉得没太大意思，开始想自己做，但没有明确的方向。

何总的计划

这时，何总给我打来电话，说他想成立一家新公司做电商，问我有没有什么好的建议，他觉得我比较懂互联网。老实说，那个时候我真的以为自己懂互联网。因为我每天都会在网上看大量科技博客的文章，等到真做的时候完全是处于半懂不懂的状态。

我给何总写了一份计划书，大概30多页，反复修改了几遍，才发给了他。当时我没太在意，没想到过了十几天，何总打来电话，让我去上海一趟，说有一个非常好的项目想跟我合作，还说已经让秘书帮我订好了机票。当时我挺犹豫的，毕竟我的销售工作比较稳定，没打算辞职，但也想去上海看看。去了上海后，我就不犹豫了。因为在这之前，我没有去过上海、北京、广州这样的大城市，内心里还是渴望在这样的大城市打拼。

见到何总之后，了解到了一些情况。何总有个亲戚，在浙江一带有一个服装厂，但是销量并不太好，积压了一大批货物。找到何总，我问何总有没有接盘的想法。何总一看网上的韩都衣舍卖得非常火，觉得电商大有可为。实际上他自己根本不懂电商。他到现在甚至连邮件也不会发，也不使用QQ，谈生意基本在酒桌上。他希望他来投资，找一个懂互联网的年轻人来做，他认为我是他见过的年轻人中最懂互联网的。

何总开出了比较优厚的条件：我到上海，他提供住房，同时每月给我1.5万元的固定月薪，另外再加新成立的公司10%的股份，以后每年我有资格以约定的价格买入百分之五的股份。他个人还愿意拿出一定的股份，预留给未来的团队。我没怎么考虑就答应了。当时，我没有考虑公司控制权、股权这些问题，只是觉得条件优厚，自己又年轻，输得起。

我们的网站

我跟何总约法三章，公司由我自己决策，他不能横加干涉。何总答应会投入200万元用于公司运营。当我拿到公司营业执照的时候，内心开始幻想自己有一天能站在资本市场敲钟。

我们开始一个个问题地解决。首先是选择办公地点的问题。我跟何总还处于蜜月期，当我主张把办公室放在市区的时候，他连价格也没问，直接同意了。何总在上海人脉广，很快就找到了一个既便宜又不错的写字楼。我是农村的孩子，节约是第一原则，于是买了一些二手电脑和办公桌就开始办公了。那段时间，公司其实就我一个人，没钱的时候就跟何总要，从来没有想过记录一下那段时间到底花费了多少钱。

接着是招人问题。我对自己的能力非常自信，认为可以招一些新人，然后手把手把这些新人带出来，另外潜意识里我也不希望招聘有经验的人。最后，我总计招聘了四个和我一样没有经验的年轻人：行政1个，运营2个，技术1个，基本都是大学毕业生。我还是觉得不放心，又找来自己的大学同学，这样公司一共有6个人。

何总也按照约定，给我们打来了一个月的工资和基本运营费用20万元，并一再跟我保证，很快会把剩下的200万元全部打过来。我们几个年轻人冲劲十足，准备大干一场。当时我们的确毫无经验，以为只要搭建一个网站，做好SEO，有流量，做好所谓的用户体验，生意自然就会来了。

接下来我们需要解决几个问题。

首先是卖什么产品的问题。何总已经有一批服装在手上，他跟我说这批货物将是我们的第一批产品。我们其实没有太多选择，只能直接进入服装电商。这完全违背了市场营销从用户需求出发的基本原则。

接下来是怎么卖的问题。我的大学同学说，可以先在淘宝上开一个店，但我觉得有何总做后盾，单纯只是一个淘宝店没有什么意义，一定要做自己的商城。我决定去浙江的服装厂看看货源。那时，我带着我同学去考察服装厂，第一次有了自己是老板的感觉。

其实那次考察，完全是走马观花，我只是简单地看了看服装质量，又听那个老板鼓吹了一下，脑袋一热，回来就跟何总夸下海口：1年内要做到200万元销售额，把投资赚回来，何总听了也很高兴。

我把账上的钱全部投入到网站开发中。因为我不懂网站开发，因此网站的开发工作完全依靠技术人员。技术人员其实也不知道我们的网站到底应该怎么做，唯一的办法就是抄别人的。我们到处去找别的电商商城模板，然后按最小的成本拷贝了一个模板，网站总算能用了。那时，距离拿到公司营业执照差不多已经过了一个月。在网站开发那段时间，事先招聘的几个员工每天除了看看报纸、喝喝茶，就没多少事。

冲突和迷茫

网站最终上线了，我觉得还勉强过得去。这时，我跟何总产生了分歧。何总认为网站首页应该是黑色作为主基色，这样才显得大气；而我认为应该是粉色，这样更符合年轻人的品位。在这个问题上，我毫不妥协，丝毫不给何总留面子。我觉得他虽然年龄比我大，但我更懂互联网。最后何总妥协了，同意按照我的方案来做，但走之前跟我说，一定要想办法卖出产品赚钱。

第一次冲突之后，我有很多天没跟何总交流。网站上线后，我又忙着做推广宣传。我把产品图片传到网站上，接下来我每天主要的工作就是写软文，让他们去各个论坛发，到各大QQ群去宣传。我也问过百度关键字竞价等推广方式，但那些费用绝不是我们这种小公司所能承受的。做了大量宣传推广后，我希望能卖一些衣服出去，但我失败了，网站上线后，除了我认识的朋友之外，几乎没有任何访问。

慢慢地，我内心开始慌了。衣服一件也没卖出去，何总迟迟没有将之前承诺的款项打到公司来，公司的6个人却还需要发工资。我决定发挥自己线下销售的能力。除了留一个人待在公司负责日常事务外，我带着其他人全部出去推销衣服，我们把衣服放在各个服装小店免费代销，或是跟淘宝店主联系，让他们代销。我做过销售，也比较擅长渠道合作，很快打开了一点局面，衣服慢慢有了一些销量，有了很少的收入。

但就在公司业务开始有些起色的时候，我和何总有了第二次冲突。他认为我这种做法违背了他当初的想法。他认为公司必须做电商，否则就不再投资。我在这个公司实际上毫无话语权，不得不妥协。这次争吵之后，他派了一个财务过来，规定超过5000元的支出都要财务签字，然后再次告诉我必须要完成销售任务。

我重新将重心放到电商网站上，每天和我同学商量着如何做。大家像热锅上的蚂蚁，面对着仓库里堆积的衣服，毫无办法。

在蹉跎、迷茫、无助中，我们又度过了两个月。这是我人生中最有挫败感的一段时间。

我想找电商行业里的人交流一下，却找不到，因为我根本没有电商圈的资源。我也想过入驻天猫和京东商城，但当我找过去的时候，对方要求是正品且有品牌，而我们售卖的衣服连个正规的品牌都没有。其实我根本不懂电商运营，曾建议何总招聘一个熟悉天猫的运营总监来协助我，最终落空。半年后，我们几乎毫无建树，公司不得不关门大吉，我也跟何总解约，离开了上海这个伤心之地。

反思

之后的半个月，我每天都在思考我到底输在哪些地方。

1．性格自大，不会虚心、系统地学习。

由于自己读大学时曾经是所谓的校园牛人，所以对自己的能力极度自信，在没有了解产业环境的情况下，贸然以为自己懂电商行业。其实，在大学时代，我只是看了一些华丽的东西，没有系统地扎在某个领域深入研究，眼高手低，结果只有黯然收场。

2．缺乏电商经验，毫无规划。

我一开始应该先了解电商行业，尤其是要学习小电商创业者的经验。但我托大了，一开始就做了一个所谓的商城，其实我应该先从淘宝店做起。我好大喜功的毛病不仅耗费掉了大量资金，更重要的是使投资人逐渐失去了对我的信任和信心。刚开始其实最重要的是想办法让投资人信任自己。另外，我应该先把业务做起来了再招聘，而不是业务还没开张人就招来五六个。

3．不擅长与投资人沟通。

我后来看电视剧《袁崇焕》，明白了自己跟何总之间的问题在哪了：盲目托大，跟老板许下了一个不切实际的目标。传统行业的老板和真正的VC不一样，他们更希望快速看到成果。

4．忽视了生存第一。

创业一开始应该什么赚钱做什么，活下来最重要。不懂的时候，我应该找一个做得好的公司，模仿再创新，而不是开始就想着定位、创新这些大道理。

5．找了不靠谱的合伙人和团队。

在自己什么都不懂的情况下，和一个自己不了解的投资人一起创业，另外我找来的搭档其实什么也不懂，这很致命。

小K后来重新开始找了一份工作，但是他说，以后有机会还会选择创业。但大学毕业生先工作，确实比一毕业就独立做一个项目要靠谱很多。

文/王静静

点 评

天图资本首席投资官、高级合伙人/黑马营导师 冯卫东：

本案例在数量庞大的初次创业者中极为常见，其失败也就具有普遍的反思和借鉴意义。

首先，一个全无经验的人去做已经有很多人在做而且已被证明很难做的事情，使这个项目从一开始就基本没有成功的可能性。无经验并不可怕，关键是要认清比较优势之所在。无经验的人宁可去做所有人都没有经验的事（即真正的创新），反而有其比较优势。因为有经验的人的比较优势存在于其有经验的领域，所以通常不会来跟你竞争，这就给了你试错并建立先发优势的时间窗口。虽然这种创新仍然是九死一生，但比之前面十死无生的局面要好多了，并且风险回报率也完全不一样。本案例中的项目就算不死，也不过是做成了“又一家”购物网站，不会有太大的市场价值。

其次，本项目需要投资人持续追加资本，这就注定了创业者小K不可能获得完全的行动自由。小K争取完全行动自由的做法，必然导致其得不到关键投资人何总的持续投入。这是基本的人性，何总如果在小K一意孤行的情况下还持续投入，最好的结果也只是证明了何总笨蛋而小K英明，何况何总还有更多的经验和理由认为小K根本不可能成功。如果小K能够尽力让何总的意见体现到决策中，则何总持续投入的意愿就会增加，因为他一旦参与了决策，则潜意识中就需要证明自己是对的。

最后，我不主张大学生刚毕业或未毕业就独立创业，因为所缺乏的经验和技能太多。比缺乏经验更糟糕的是缺乏对自身所缺的认知，即存在大量的盲区。知道自身所缺可以有效启动学习过程，反之难以启动学习过程。

创业远不是一个好点子和一份激情就能成功的事，需要更多的积累。当然，一开始就获得足够试错的资源则另当别论。由于媒介传播具有选择性关注的特点，成功的创业故事得到了更多的传播，使人们大大高估了创业的成功率。而且由于传播中对因果性、励志性的需要，使媒体往往把成功的过程过度简化并把一些特殊或复杂的条件省略了，会产生相当程度的误导。

E店宝创始人/黑马营师兄 陈涛：

创业不等同于“从零开始”，除了资金之外，仍然需要大量的积累、对行业的熟悉、商业规则的了解、产业链上下游的认知、客户需求的把握以及自身提供价值的定位，这些都是创业之前必须做的功课。从小K的经历来看，失败的原因可以总结为以下三点。

1.在完全陌生的行业里创业。

小K被动地进入服装电商，但既对电子商务发展规律不了解，也对服装的上下游产业链以及营销模式不熟悉。摸着石头过河的状态往往意味着要先交一大笔学费。如果小K在创业之前，先到服装类电商企业工作或实习一段时间，熟悉了服装类电商的营运模式并掌握关键成功领域经验后，再创业应有更大的机会。

2.缺乏理性的创业路线。

小K没有考虑创业初期最容易出效果且风险相对可控的平台网店策

略，而是托大地选择直接开设自己的商城。在无流量基础、无转换经验、无品牌影响并且缺乏核心技术的情况下，开设独立B2C商城除了烧钱以外看不到任何成功的希望。而事实证明，即便是有良好品牌形象的传统大型企业，直接选择开设B2C商城也是失败的结果居多。如果小K在开始的时候，能够控制自己贪大求快的欲望，谨慎地在电商平台上开设普通店铺，慢慢地积累经验、流量以及客户口碑，也许还有成功的机会。

3.缺乏和投资人的有效沟通。

从案例的发展过程来看，投资人并非不靠谱。相反，除了缺乏电商经验之外，投资人对应新业务运营以及风险控制有着较深的理解。

小K的问题在于，没有与投资人在发展路线、运营方式、资源投入以及早期目标上进行有效沟通，也没有达成一致意见，最终导致在业务开展不利时出现较大分歧，进而为创业失败埋下伏笔。

资深创业研究学者/黑马顾问 龙真：

这是一个典型的以产品开发为导向，最终走向失败的案例。一个公司的成功首先要以客户开发为核心。当你根本不知道你的客户在哪里、客户需求是什么时，根本谈不上往后怎么走。

当投资人决定要做电商的时候，这只是产生了一个粗浅的新的销售渠道的想法而已。它离用户和需求都还有很远的距离，更谈不上商业计划了。

相信小K自己到现在也没有真正意识到他自身的问题。他自身的问题不在于他多么没有经验，也不在于他的团队多么弱，更不在于他的自大性格和沟通能力，而在于他对客户发展方式的无视。即使你参考一个

“对标选手”，做出了自己的产品，你也不会理解核心是什么；因为你的产品没有“灵魂”；即使你的团队经验丰富，在客户需求上大家也都需要抱有最虔诚的敬畏感；即使你的沟通说服能力和销售能力超强，在洞察客户在网站或产品使用时的任何一个心理变化面前都不值一提。

小K最需要的是彻底转变自己的思维方式，从内部导向和产品导向转为客户导向。

3.被抛弃的巨鲸

试错人：陈戈
项目名称：巨鲸网
主营业务：在线音乐搜索
试错时间：2006年3月
—2012年9月

“船小好调头”这出戏的演员列表中，本应出现巨鲸网的名字。这家股东名单包括姚明和谷歌（Google）的免费正版MP3下载网站，主要产品是与谷歌中国合作的音乐搜索。2010年，谷歌退出中国内地之际，理当是它的转型时刻。

这样的剧本屡见不鲜。周鸿祎曾看好社区搜索和聚合，在斥资3000万美元、投入3年时间后发现自己“太超前”，于是从2008年春天起，发力360安全卫士。周娟在2011年中愈加明白了优酷上市的意义——行业格局初定，留给56网的机会所剩无几，于是在4个月后将她创立6年多的56网卖予人人网的陈一舟。

但巨鲸网创始人陈戈拒绝按照该剧本演出。2010年以来，“因为惯性，因为放弃与谷歌的合作有点像离婚”，因为不知所措后下意识的坚持，陈戈和巨鲸网踯躅不前。直到2012年9月，谷歌以影响力未达预期为由，决定关闭在中国的音乐搜索服务，放弃了巨鲸网和陈戈。

当公司大势已去时，创始人应该干什么？

挽救寄生关系

2012年9月26日，谷歌中国工程研究总经理杨文洛发出关闭在中国音乐搜索服务声明5天后，陈戈坐在嘈杂的星巴克中，声称自己此时此刻“特别高兴”，因为“它会促进你老老实实、很诚实地去学习”。说这话时，他语调平缓，呈现出解脱的表情，但无法判断那是一张高兴的脸。巨鲸网和他没有明确的下一步，但下一步“肯定会自由地飞奔”。

巨鲸网的创业方向被人称为“寄生型”。

巨鲸网2006年上线，获得了篮球明星姚明及其经纪人章明基300万美元的天使投资，2007年获得谷歌的投资，并开始和谷歌的音乐搜索合作。在此之后，从谷歌导入的流量占巨鲸网的70%左右，而且谷歌负责销售广告，“我们没有销售团队。”陈戈说。

2009年10月，陈戈以正版流量吸引品牌广告主的策略得到市场认可，3个月内巨鲸网即获得300万至400万元营业额。依此路径，巨鲸网2011年营业额将达到1亿元。“我们会跟百度爱奇艺一样”，陈戈回忆当时的巨鲸网。

但谷歌离开了中国内地，在只保留研发存在的原则下，负责音乐搜索销售的广告、商务部门率先清空。从2010年春天开始，谷歌提供给巨鲸网的流量开始下滑，广告营收也随之下降，7月，版权支出成为可见的成本压力。“没人卖广告了。但我们还在支付带宽、版权，现在光有投入没有产出了。”陈戈说。

或许陈戈低估了谷歌退出背后的角力和复杂动因。他是射手座，是个理想主义中年人，他曾说“只要我目的很纯粹，理想就会实现”。在那个炎热的夏天，陈戈向外界释放的信息仍然是乐观。他甚至向网友推荐工业摇滚乐队Nine Inch Nails的The Fragile，因为“危情越大，机会越大”。

“机会”指的是移动互联网。2010年8月，安卓（Android）手机出货量达到每天20万部，超越iPhone，成为全球第一大智能手机操作系统。按照陈戈的设想，谷歌音乐云加巨鲸网将成为安卓手机在中国的标配音乐APP，如此，在移动互联网建立起竞争壁垒的价值将大大覆盖谷歌退出中国的损失。此外，陈戈希望，巨鲸网也能销售谷歌音乐搜索广告。

陈戈几十次前往谷歌中国寻求解决措施，但他找不到人。谷歌中国的管理层，如李开复、林斌、郭去疾、洪峰等人均已先后离职。而且谷歌中国的权力有限，无法对谷歌音乐云进入中国做任何承诺。音乐搜索曾是谷歌中国内部最大的项目团队，彼时几乎已经烟消云散。

于是，陈戈两年内三度前往山景城（谷歌总部所在地），陈戈乘兴而去。他不觉得在谷歌已经退出内地的情况下，重新洽谈一份广告销售协议存在不合理的地方；用谷歌音乐云一次性解决联想、小米等手机厂商对音乐APP的需求也恰如其分——已经有手机厂商找到巨鲸网洽谈合作。

在山景城的会议长达一两个小时，但拒绝是那段时间的主旋律。“我说我们自己来卖行不行，回说不能，很多事情暂时只能如此。音乐云什么时候进入中国？等确定中国策略再说。但是到今天为止，谷歌的中国战略也没定啊。没更多解释了，就是这样。这是我到今天还没明白的一个问题。”陈戈说。让陈戈感到惋惜的是，在一次次的无效沟通中，巨鲸网只能依靠自身官网TOP100.CN获取一年几百万元的收入，年年亏损。他曾看着音乐搜索服务的广告位发呆，“按理说都可以赚回来，2011年谷歌搜索还算稳定，一年还有七八亿的视听下载量，我们自己一年卖个三四千万元不成问题。但我卖不了，那是谷歌控制的。亏的钱不是我亏的。”

据说，谷歌拒绝巨鲸网的次数超过10次，更多次则是没有回音。得不到答案时，陈戈也想过放弃与谷歌的合作，一走了之。但对他而言，巨鲸网意味着近在咫尺的理想。陈热爱音乐，曾为崔健举办美国巡回演唱会；憎恶盗版，这是他创立的普涞经纪公司倒闭的部分原因。他在美、中两地观察、思考、实践音乐正版化的可能，而谷歌音乐搜索是他梦想的实现，他视之为孩子。

“海归12年里，普涞6年，巨鲸6年。人生无常起伏，如这飞驰而过的风景。如果不是因为音乐，一个热爱自由的射手座不会在一个地方走12年。我看到了气象万千、震撼人心、无怨无悔的风景。”

陈戈说自己花10分钟洗个澡就能恢复正常。“毕竟我是创始人，不到万不得已，不到最后，肯定要拼尽全力做任何对巨鲸有好处的事情。”

融资失败

被拒绝的日子里，陈戈琢磨数字音乐的发展方向。“Spotify和Pandora代表的都是过去式了，巨鲸也是。这些PC互联网时代的数字音乐提供商都没解决产品黏性和商业模式的问题。我还没想好未来的方向，会专注在移动互联网领域，但问题是哪件事情是最重要的。巨鲸网可能会从过去的B2C转向B2B，先在版权授权上做些考虑。”

虾米网CEO王小玮觉得陈戈有远见，但巨鲸网这几年的发展有点力不从心，“商业音乐、音乐游戏等付费业务的机会，巨鲸的动作和它最终执行出来的效果还稍微慢了点。”事实上，陈戈设想中的巨鲸网，从没有体现在公司过去两年的产品上。

王小玮说，陈戈有这方面的意识，但要实现这样的转型，“非常大程度上依赖于产品创新的能力”，而这并不是陈戈擅长的，“他不是做互联网品牌和产品出身的人，还需要很大的支撑，尤其在团队层面、在产品层面”。据说，陈戈一直不太注重流量，也不愿意花钱去推广。

版权环境也在变化，三大唱片公司逐渐开始按照收听或下载次数收取版权费用，而不再是固定的授权费。巨鲸采用典型的互联网免费商业模式，通过免费服务获取用户，再通过广告变现，门户网站、视频网站都是如此。“过去，你要有本事把这个流量做到非常大，多赚的都是你的，而现在，成本结构已经不支持这个商业模式。”王小玮说。

陈戈的回应是：还没离婚呢，你能在外面又谈一场恋爱吗？陈戈搁置了官网TOP100.CN，对过去发布的巨鲸FM电台等产品也没寄予多大希望，他“全情以赴挽救”与谷歌的合作。

陈戈的另一个答案是：巨鲸网没有资源投入新产品、新业务。“巨鲸2005年9月份成立，至今融资1500万美元。其中一半付给唱片公司，还剩下750万美元是过去7年的运营费用——平均每个月只有五六十万元人民币。”说到这里，他笑出声来，“这些钱还要支付带宽、服务器等费用。”

财力不足导致人手匮乏，巨鲸网官网2011年的改版耗时达半年之久。2011年2月前后，巨鲸网给新员工按采购流程买台五六千元的电脑，从申请到获批需要花两个月。这段时间，陈戈似乎想到了放弃巨鲸网。2011年3月28日，陈在办公室附近午餐，看见辆摩托车后开始浮想联翩，“真想骑上去绝尘而去，像若干年前加州时的我心狂野”。

巨鲸网离职员工Jacky说，陈戈愿意购买办公用品，但他没有财务审批权。这项权力属于姚明的经纪人章明基，章担任巨鲸网董事长。

姚、章二人前后共向巨鲸网投资650万美元，他们很少出现在巨鲸网办公室，据说也不干涉巨鲸网的决策。但章明基似乎对失去谷歌后的巨鲸网信心不足。对于记者的采访要求，章明基也谢绝了。

显然，陈戈需要完成B轮融资。陈一度看到希望，2010年年底时，这希望甚至大到让陈戈感慨“巨鲸今年从死复生”。2010年12月31日，陈关掉灯光，独自在办公室听歌手汪峰的《春天里》。这是一首有产阶级抚今追昔、感伤时运的歌曲，陈说自己“老泪纵横”。

但融资没有成功。据唱吧创始人陈华透露，他任职阿里巴巴期间曾与陈戈洽谈过收购巨鲸网事宜，“但要权衡很多利弊，收购或者投资都没定下来”。接洽潜在的资金来源后，陈戈发现融资过程比较难受，“大家会问谷歌是怎么看的，谷歌到今天还是我大股东呢”。

而传闻已久的华人文化产业投资基金（CMC）领投巨鲸网2000万美元，实际上只进行到签订投资意向书的阶段。之后更由于CMC董事长黎瑞刚出任上海市政府副秘书长兼办公厅主任，CMC团队发生骤变，这项投资2011年8月彻底夭折。

融资失败比遭到谷歌的漠视让陈戈受到的打击更大。Jacky说，那段时间，他“几个礼拜都不开例会，出现一次，也就是表面上打个招呼，没有其他的交流”。就算开会，陈戈也越来越难控制脾气，“平时开会的时候，他都会找一个人来批评，说得你一无是处，比如会议有两个半小时，有一个半小时都是在说你，这种事情经常发生”。

巨鲸网的员工开始猜测，“公司是不是想让我们走，省点钱？”当Jacky在2011年年末离职时，巨鲸网员工数量回到了50这个数字，比融资前夜的员工数降低了一半。现在巨鲸网员工不足20人。

陈戈感到孤独，不被认可。2011年10月，一个VC界的女投资人对他说：“Hey，Gary（陈戈英文名），you are fucked by these people but you can not say anything? （你被这些人强奸了，却又什么都不能说吗？）”陈透露，从此对“女强人”完全改观，充满好感。

在风雨飘摇的2010年夏天，陈戈觉得梁洛施情商高，不母以子贵，不向李泽楷逼婚，能得到李泽楷信任，“同大公司合作，创业者应学习梁洛施”。

一语成谶。2011年年初，李泽楷与梁洛施分手。

2012年春天，过去数年间从未向媒体抱怨谷歌的陈戈最后一次前往山景城，在那里，他看到了巨鲸网或谷歌中国音乐搜索项目的句号。谷歌告诉陈戈，“不要再等了”。

文/和阳

点 评

达晨创投高级合伙人/黑马营导师 邵红霞：

从投资的角度看，巨鲸网的失败并不意外。

巨鲸网的业务完全依附于谷歌，自身没有核心竞争力。从谷歌导入的流量占巨鲸网的70%，说明巨鲸网对其客户和市场缺乏掌控；巨鲸网以正版流量吸引品牌广告为主营业务，自己却没有独立的广告销售团队。这种“寄生型”的商业模式，使得巨鲸网的命运几乎完全依赖与谷歌的合作关系。

这样的寄生关系也直接导致其融资的失败。过于依赖单一客户或合作方的商业模式无疑是投资人避讳的“关系型”公司：“关系”有时是靠不住的。投资人有理由质疑企业的核心竞争能力和持续盈利能力，毕竟，一纸协议在如今这个瞬息万变的时代确实脆弱了点。

其实，巨鲸网并不是没有转型的机会，但陈戈那句“还没有离婚，不能在外面又谈一场恋爱”恐怕道出了巨鲸网在转型道路上踟蹰不前的核心原因，那就是，陈戈孤注一掷，把巨鲸的生存希望全部寄托在挽救与谷歌的关系上。

作为投资人，我们时常提醒自己“别与项目谈恋爱”，而作为创业家的陈戈却犯了这样的毛病。创立公司的根本目的是为股东创造价值，要生存、赚钱、发展。当一条路走不通了，一个项目大势已去，应该果断放弃，积极寻找新的路径。

文章开头提到的周鸿祎砍掉社区搜索，发力360；周娟将56网卖给人人网的例子，都极好地体现出创业家的商人思维模式。而陈戈太过理想，太有情怀，以至于忘了创业的根本目的而钻进牛角尖。要知道，企业的成功需要天时、地利、人和，是各种因素相互作用、环环相扣的结果。作为企业掌舵人，要对时局趋势有一种前瞻性、理性的判断，并根据形势，适时进行战略调整。

陈戈是个执着的理想主义者。可惜，现实是，识时务者为俊杰，只有生存下去才配谈理想。

4.传统企业的转型之思

试错人：王小冬
项目名称：大树网
主营业务：服装电商
试错时间：2011年4月—至今

2013年5月底，电商界资深人士龚文祥在其微博上爆料称，国内首家专门针对大学校园市场的电商网站大树网接近倒闭。当时大树网官方客服在接受作者咨询时称，公司处于调整之中。而大树网离职员工透露，大树网已经名存实亡，总经理王小冬疑似已经离职加盟一家新成立的公司。

据了解，大树网由苏州智尚信息技术有限公司（以下简称“苏州智尚”）运营，其背后真正的投资人是江苏中和集团。以下是大树网深喉员工的反思。

“大树网”项目上马

中和公司在江苏当地是居于绝对第一的鞋类经销商，体育运动品牌线下销售的王者。在这个涌动的电商时代，线下生意做得好的想往线上延伸，不想错过机会，大树网即在此背景和思考下诞生。1983年生、中和集团高级管理层中最年轻的副总经理王小冬被委以重任，负责电商项目“大树网”的操作。

大树网的思路非常明确。中和集团最擅长的生意是安踏、李宁、耐克等体育运动品牌的产品销售，而消费这类产品的主力是大学生这样的年轻群体，据此锁定消费群，依托中和庞大的线下销售网络，围绕“大学生”市场做线上生意，从大学生购物开始，延展至社交、求职、创业等服务，成为中国大学生购物、交友、成长的第一平台。

王小冬被委以电商重任之后，组建团队，找来了两个重要的人物：崔副总和施副总。前者是做某英语学习报纸发行代理起家的，熟悉全国高校市场的渠道运作；后者做了8年的鞋类经销，能拿到全系列的各家货源。一个有渠道，一个有货源，再加上背后中和集团的雄厚资金，王小冬的团队并不简单。

扩张的隐患

他们很快搭建起金字塔式的线下销售团队，以分公司的形式将全国划分为14个大区，一个大区辐射2～3个省，省区管到市里，市里分片区经理管到每个学校，学校里再发展学生兼职做校园代理，基本上全国的高校都覆盖完成，包括新疆、西藏等地都发展了校园代理。

2011年4月，大树网就开始在各高校周边开体验店，到9月份，体验店的数量达到十家左右。

2011年8月初，大树网召集各地分公司代表在公司总部（苏州常熟）开了一个全国动员大会，内容就是关于大树网的即将上线，与会人员士气高涨。但到了8月中旬，大树网并未上线。继续等到8月底，大树网仍未上线。这时候底下已经招了不少人，网站迟迟未上线，已经导致团队有些涣散。

9月初，网站终于上线，系统并不完备，商城都没建设好，上了一个特卖区，主要是卖运动鞋。

因为有积累和线下团队的推广，很快卖得热火朝天，员工形容“跟好乐买一样，但是比好乐买卖得还好”。但大量订单涌来的同时，问题也不断出现。网站系统经常挂掉，支付、订单修改出现问题，最要命的还是库存同步有问题，前端页面和后台的销售数据不匹配，导致的结果是：多卖了，没货发。这个问题在两个月后才得到解决。但是9月份积压下来的大量订单，直到第二年1月份才处理完毕。

是公司的技术力量不足吗？恰恰相反，在常熟总公司，总共也才一百多人，技术就占了七八十人。苏州那边，还有一个做SNS社区的团队，也养了十几个人。这些技术团队的工资加起来，每个月小100万就出去了。此外，在网站还没上线时，就耗资240万元购买了4台顶级的服务器。

这些花费加在一起，再加上前面所提到的14个分公司的庞大销售团队（前两个月发固定工资，之后各自为政，根据业绩拿提成），“每个分公司需要配备硬件，差旅需要报销，水电需要报销，校园需要发传单、贴海报，需要各种各样的物流，成本加一起，非常庞大”，大树网一开始就被拖入了资金黑洞。

资金断链

由淘宝发起每年的“双十一”成了电商欢购节，而2011年11月11日又是个特别的日字，几乎所有的电商都提前做好了促销预案，大树网在10月底才定下来要做活动。经过百度推广、微视频的病毒营销，大树网的流量增长了五六倍，新用户数量和订单量都有了很大的增长。

经此一役，大树网的管理层开始重视运营。12月，大树网成立运营中心，把客服、物流、媒介、商务等全部整合到运营中心里面。到了2012年1月，大树网专门从易迅网高薪挖来了几个人，其中一个还是易迅的高层。1月底是春节，春节过后，这几个高薪挖来的电商人才，位子还没坐暖，就被通知裁员了。

这件事情做得不厚道，毕竟人家刚过来没多久。但大树网不得不这么做，原因很简单，钱已经烧了上千万了，毕竟大树网只是中和集团投资的一个子公司，在花钱方面，会受到投资的母公司节制。不是中和集团没钱，而是这个电商项目，让真正的大老板看不到希望——你这人不行，日常费用太大了，支撑不住。

也许一千多万对于很多互联网出身的电商老板来说不算什么，但中和是传统贸易出身的，还是习惯按照传统企业的眼光来看，花一分钱就要做一分事，还不习惯互联网的烧钱方式。

至此，大树网针对大学生市场的综合性平台梦告终，它的四大板块里，商城——大树商城是专门针对大学生市场的网上商城；交友——大树网SNS互动平台根扎校园生活，让大学生方便找朋友、找老乡；人力资源——免费为大学生提供专业的测评、职业生涯规划、找工作等服务；跳蚤市场——大学生可以自由地将自己不需要的各种生活用品再利用和重新分配。这四大板块，只上线了商城板块。

从2012年三四月份起，大树网该裁的员已经裁得差不多了，剩下的主力人员转型做分销，依托中和集团的资源，拉拢了十几个品牌，大树网成为走货的中间商。淘宝的很多商家都是从大树网走货，大树网的电商之路已经转变了方向。

2012年9月份前后，大树网还上线了一个新项目，以杭州下沙大学城作为试点，做校园外卖，想通过这个作为切入点重燃大学生综合平台电商之梦。试了半年，没亏多少也没挣多少，这件事也就放下了。

反思

总结大树网失败的原因，有几个。

其一，对市场的预估太过理想化了。当时想的是，每个大学生都要穿运动鞋，全国三千多万大学生，只要有百分之十，哪怕百分之一的人，在上面买运动鞋，这个市场都是很大的。其实这么算没问题，但是你要想，要覆盖到三千万人，你要花掉多大的运营成本？这是一个非常庞大的数字。

其二，传统企业去做电商，有些观念很难转变。打个比方，同样是做市场营销，传统企业和互联网企业的考核标准肯定是不一样的。在互联网企业，很多事情会按照展现效果来衡量，但是传统企业会用销量来衡量，观念还是老观念，花一分钱就要做一分事，但是在互联网上不是这样做的，尤其是像盘子这么大的项目不是这样的。还有一个逻辑性的错误是，大树网企图把市场从线下往线上拉，这是很严重的问题，转换率非常低，而且需要时间。

其三，内部原因，太急太快，盘子铺得太大了。如果前期找一两个城市开始试点，慢慢去做，效果可能还好点。但盘子一下子铺向全国，成本是巨大的。每个分公司需要配备硬件，差旅费需要报销，水电费需要报销，校园需要发传单、贴海报，需要各种各样的物流，成本加一起，非常庞大，一下子花掉几百万根本不算什么。

其四，轻运营，重技术。大树网还是做传统企业的思维，自己做出来的东西自己比较放心，其实电商的技术已经很成熟了，可能花个三十万，就有一个公司打包给你做好了，你根本不用花那么多人来维护，直接负责运营就行了。从大树网的资源配比来看，约40%用在开发上，30%用在线下，15%用在内部消耗，5%用在线上，怎么可能不死！

最后，大学生市场的定位问题。做大学生生意，只能做快生意，比如说外卖，你想在大学生里培养忠实顾客是很不现实的，可能大一培养不了，大二培养成功了，但是大三、大四又走了，流动性太大了，一茬接一茬的，每批学生你都会争取得很累。

后记

现在大树网作为大学生电商网站还在继续运营，但它的百度指数从2011年11月12日的峰值5514一路下跌到今天的200多，交友、人力资源、跳蚤市场这三大板块至今未能面世，而从大树网首页变形的商品图片上可以看出，网站的运营状况堪忧。

文/王采臣

点 评

天图资本高级合伙人、首席投资官/黑马营导师 冯卫东：

本案例作为成熟企业开拓新业务的案例，其失败具有很多共性。

过去30年中国制造业得到极大发展，但这个阶段获得成功的企业大多数并不懂得品牌经营。大树网在战略上的主要问题就是品牌定位不清晰。品牌是企业与顾客沟通的载体，品牌必须清晰地回答“你是什么”“有何不同”“何以见得”三个基本问题。

大树网将商城、交友、人力资源、跳蚤市场四大板块业务集于一身，很难简洁地回答“你是什么”的问题。回答“你是什么”的关键在于按照顾客而非企业的分类标准确定品牌归属的品类，答案超过5个字就需要重新审视，因为顾客心中品类名的最大长度通常不超过5个字。大树网“你是什么”的答案应当是“运动鞋网站”“校园交友网”“校园招聘网”或者“网上跳蚤市场”之一，企图代表多个品类违反了品牌定位的基本原则。正确回答“你是什么”后才能回答“有何不同”，答案应当类似“全国最大的运动鞋网站”“全国最大的校园交友网”“全国最大的校园招聘网”“全国最大的网上跳蚤市场”等，这些回答显然比“校园综合门户网站”更具备影响顾客选择的认知优势，让顾客更容易产生光顾一下的冲动。

多种业务混合，不仅让大树网因为没有精准定位而难以有效地向顾客进行品牌传播，而且在运营上也因为业务多元化而分散资源、增加管理复杂度，无法真正在某个业务上产生核心竞争力。多元化发展是创业企业的大忌之一。只有聚焦，才有机会做到极致，打造强势品牌。

大树网的另一个重大败因是战略推进的节奏和力度问题。任何创业企业都存在试错阶段，试错阶段多次失败是常态，一次成功是中“六合彩”，一个理性的创业者不应当寄希望于一次成功。因此，试错阶段要遵循小试、中试原则，不要一次就投入所有资源大干快上，像大树网那样一上来就全国铺开，搞成熟企业的大区制，并且多业务齐头并进，很容易一蹶不振。创业企业要对增加固定成本保持高度警惕，宁愿采取多支付变动成本的方式。那种加大固定成本以降低变动成本的做法只有在试错完成之后才能采用。比如，在试错阶段多使用外包、外协、租用方式，看起来更花钱，但考虑到试错阶段失败概率高，随时都可能调整方向，因此保持较低的固定成本（人员、固定资产等）更为有利。宁愿因为市场超过预期而忙乱，也不愿因为市场低于预期而恐慌。

在战略实施的节奏上，创业者应当优先解决自己不熟悉的环节（除非存在先后依赖关系），而不是轻车熟路地投入资源把自己熟悉的环节先准备好。因为，越不熟悉的环节出错的概率越高，优先面对不熟悉的环节可以推迟固定成本的膨胀，这是试错阶段应当把握的原则，千万不要自负地认为没做过的事情很简单。传统行业的企业进军电商，建设一个交易型网站就是其所不熟悉的，而地面部队的准备则是他们轻车熟路的。大树网缺乏试错意识导致的结果就是，千军万马已待命，固定成本已上去，但网站却迟迟上不去，日费千金且降低士气。只有真正完成了试错，产生了正的现金流或负现金流在资源储备许可范围内，才能向全国扩张，并且仍然要采取滚雪球的方式，先慢后快。

达晨创投高级合伙人/黑马营导师 邵红霞：

大树网的失败，从本质上看，是传统企业跨入电商时缺乏互联网基因和思维，战略定位不清晰所导致的。

互联网思维不是做加法，多建销售团队，多开店，多覆盖区域，多寻找新的增长点。相反，互联网思维是做减法，简单直接，轻装上阵，减少一切障碍和层级，聚焦核心竞争力。

大树网一开始就对市场预估过于理想化，战术上贪多求快，急于求成，定位于做大学生“购物、社交、求职、创业”等全方位“大而全”的生意。由于定位的偏差，大树网摊子铺得太大，钱烧得太快，同时，过分强调“技术”，而未对零售行业最核心的“运营、服务”给予足够的重视。这些因素注定会把大树网拖进黑洞。

随着互联网对传统产业的渗透、影响、颠覆，不少传统企业纷纷开始“触网”、“触电”，然而，互联网是一片全新的战场，有着不同于传统行业的思维方式与游戏规则。从传统零售到电商，即便大牌如国美、苏宁，无不交过学费，在局部试错中砥砺前行。

传统企业向互联网转型，绝不能为了电商而电商，必须有清晰的战略规划、详细的调研分析，切忌好高骛远。要放下浮躁，不妨把目标设低一点，让步伐慢一点。

正如一位互联网资深人士所言：“我们缺的不是时间，是对互联网的敬畏和思考。”

E店宝创始人/黑马营师兄 陈涛：

“贪大求全”看起来是传统企业转电商的症结所在，但实际上所有的“成熟”企业在创立任何新业务时都会下意识地按照“成熟”业务套路来进行部署，而不会考虑用“创业”的思维方式和运作模式。

大树网一度被奉为O2O的经典案例，轰然倒下确实让人唏嘘不已。从原因上看，有如下几点。

1．对市场容量和业务增长预期盲目乐观，甚至按线下成熟业务的发展轨迹来加速估算，并未考虑所需流量、转化以及推广覆盖成本，导致摊子铺得太大，资金和资源跟不上。

2．整体策略和局部建设不配套，线下花了大量的资金和资源做推广，线上的板块却迟迟无法上线，导致推广效果减弱，无法及时转化为销量，团队士气受挫。

3．仓促上马加盲目建设。大树网在业务规模以及容量还没有发展起来，甚至业务链条还不能承担较大的业务流量的时候，就已经开始盲目地大兴基础扩容工程，从而背负了沉重的资金负担。这就好比只造了一艘扁叶轻舟，就想着要开展几十吨级的运输业务，同时开始建设可以容纳航空母舰的港口，结果却常常是“载不动，许多愁”。

5.猝死的“中国最佳商业模式”

试错人：韩吉韬

项目名称：亿佰购物

主营业务：信用卡分期购物平台

试错时间：2007年12月

—2013年6月

亿佰购物已经倒闭的消息接踵而来，这个曾经被《21世纪商业评论》评为“中国最佳服务商业模式”的网站已经无法开启。

而据供应商和该公司的一位内部员工透露，公司已经召开全体员工大会，宣布公司解散。随后有维权网友上传其公司总部图，偌大的办公室已经空无一人。

事实上在《21世纪商业评论》评选之初，评选方对于亿佰购物的评价是：“亿佰购物与其他电子商务的商业模式并无二致，只是它的服务聚焦在以信用卡用户为主的消费者群。”而在随后所发生的一系列事件中，证明这个“最佳”只是伪命题。

最佳商业模式的由来

根据公开资料，亿佰购物商城诞生于2007年，其创始人韩吉韬原为神州数码PPT事业部的高级总监，随后获得戈壁资本1000万美金融资，注册成立了北京东篱南山信息技术有限公司，亿佰购物为其旗下信用卡分期购物平台。

亿佰购物的商业模式非常简单，就是通过与银行合作，用DM单、短信、手册、EDM（电子邮件营销）等形式完成商品的销售，它同时也拥有自己的B2C电商购物平台，利用银行海量的信用卡用户数据从事产品分期销售。

据未经证实的资料，其销售额2008年为8000万元，2009年为1.5亿元，2010年为3.2亿元，2011年销售额达到4.5亿元。该公司声称，其商品毛利率保持在20%左右，并且宣称在2011年12月完成单月盈利。但据其内部供应商透露，亿佰购物成立以来一直处于巨额亏损状态。

就是在这样一个亏损的大背景之下，2011年，亿佰购物被《21世纪商业评论》评为“中国最佳服务商业模式”。的确在当时的环境下，这是一个外人看来足够完美的模式。一方面不用自己去拓展用户，因为银行手上大量的客户资源和数据会让亿佰购物轻松地接触到用户；另一方面，由于银行单独做电商的模式并不成熟，的确需要一个这样专业的平台帮助他们来转化客户。

起码在危机没有爆发前，一切都看似十分完美。

人力之痛

在“最佳商业模式”的光环下，亿佰购物开始了自己的扩张之路，其员工数一路由创立之初的20人扩展到500人的规模，办公地址也从相对便宜的上地搬迁到环球贸易中心这样的高端写字楼。亿佰的人力成本也在不断攀升，在2012年以后，其单月仅人员工资支出就达400万元，而2011年其全年销售额为4.5亿元，以产品毛利率20%来计算，其全年毛利的一半以上都支出在人力这一项。

在这段期间，亿佰并不是一帆风顺。早在2009年，刚刚出生不到两年的亿佰遭遇到了金融危机，当时由于国家对信贷风险的把控，各大银行突然收紧了对信用卡的发放，这导致其业务量急剧下滑，其销售跌掉了一半。而内部当时几乎都不再看好这个商业模式，与此同时内部核心团队成员出现了分裂，大家都没有信心，再加上受淘宝、京东商城等的冲击，公司内部对于是否坚持做真品而不做A货（即仿真度高的“水货”）起了争议。

韩吉韬的想法是坚决不能做，最终他的坚持获得了投资人的认同。戈壁投资作为第一期入股的“东家”，坚定地站在他这边。但是那次危机中所爆发的对商业模式的考验并没有从根本上得到解决。据其一名已经离职的员工透露：亿佰在2012年招进了一批包括财务总监、商品总监等在内的“国美系”员工，而这批来自传统店铺的员工与公司的整体业务并不是十分匹配，这也说明其内部的问题并没有得到有效的解决。

死因由来

随后进入2012年，电商行业开始整体陷入寒冬，国内知名的垂直电商网站维棉、后马特等纷纷倒闭，乐酷、耀点100等也先后死亡，整个资本市场和行业一下子陷入寒冬，电商突然发现融不到钱了。亿佰显然也遭遇了这样的寒冬，大浪退去才知道谁在裸泳。

危机随后全面爆发，先是供应商首先爆出被拖欠货款。一位供应商透露，从2012年底开始，他们就已经被拖欠很多次了，先后催了几次，财务都没有结论。这个供应商还说道，最终被拖欠货款的数量不会低于3000万元。

随后，深陷危机之中的韩吉韬对此回应称，公司目前确实存在困难，但会尽力解决，如果公司实在经营不下去了，会通过法律手段处理此事。这证明亿佰购物已经走到死亡边缘。

一个当初媒体口中的最佳商业模式，一个号称拥有1.5亿信用卡用户与数据的商城又为何会倒掉，各方都有观点。

供应商说法：

最初亿佰购物的商业模式能够成立的原因在于，彼时品牌商自身的电子商务能力较弱，没有能力去独立做电子商务平台，也没有能力去单独与银行合作，所以依赖于这样的平台。随着各大银行自己的商城做起来了，亿佰就成了一个可有可无的平台。另外，亿佰的利润点其实很低，甚至有时候没有利润，亿佰每使用一个银行的数据，都要给银行一个很高的扣点，另外本身供应商的利润就不高，这样处在中间的亿佰还需要负责自身的运营费用。这样算下来，亿佰是不可能做到高利润的。

在同行51分期网创始人王愚看来，亿佰更是存在以下五个核心问题。

首先，亿佰购物是一个寄居式的商业模式。过度依托于银行这个行业而生存，银行一旦政策收紧，这种商业模式就会受到极大冲击。比如2009年金融危机导致银行的信用卡放卡数量减少，就让亿佰差点突然死亡。

第二，亿佰购物没有自己的品牌。王愚举了一个很简单的例子：你去俏江南吃饭，你会知道俏江南是一个品牌，但是你永远不会知道你的厨子是谁。同理，你知道产品是各个银行的，你不会知道是亿佰购物做的。

第三，亿佰购物在行业内树敌太多。在这个行业内，作为行业老大的亿佰并不招人待见，因为亿佰做了一个想要颠覆行业的事情。亿佰会不赚钱，甚至贴钱卖商品来拉动公司流量，而且这种商业模式也不可持续。

第四，不够专注。譬如亿佰购物做出了一个分兵的策略，在银行外包业务之外上线了自己的独立商城，这分散了其很大的精力。

第五，没有危机感。在整个行业都将进入寒冬的时候，没有意识到自己的未来。

除了以上几点最核心的败因，作者认为还存在以下因素。

首先，现有的电商冲击。独立的B2C在没有流量的情况下很难生存。在京东和天猫推出类似服务、银行自建商城的冲击之下，这个模式的客户价值急剧变小。用户群已养成了在几大平台上购物的习惯，无流量、无资本支持就无竞争优势。

其次，创业者过度信奉对资源的依赖。把希望寄托在了对大客户的依赖之上，在面对整个大环境的变化时，也没能做出及时的调整。

最后，对用户体验的漠视。作为电子商务，其核心还是在于满足用户需求、做到最好的用户体验。但作者随便在网上一搜，就看到亿佰购物大量丢货、延迟发货、客服不反馈等等问题的讨论，物流体系的建设被长期忽视。要知道用户才是最终的买单者。

韩吉韬曾说：宁愿公司在头三年死掉，也不愿意公司做大以后死掉。熬过了头三年寒冬期的亿佰，却没能熬过第五年，面对满地鸡毛，亿佰最后的审判就要来了。

文/王静静

点 评

资深创业研究学者/黑马顾问 龙真

正如文中所分析的那样，亿佰购物是一个寄居式的商业模式。而这是一种非常危险的商业模式，这种商业模式其实是在产业链和价值链的动态变化中根据现有形势所产生出的一种临时模式，具有非常强的时效性。

寄居式商业模式要求企业必须抓住这种特别的形势，迅速固化对自己有利的产业链和价值链，并让自己在产业链和价值链上处于核心地位。否则，一旦产业链和价值链再次发生变化，它就会迅速被潮流抛弃。

到目前为止，寄居式商业模式最成功的是“携程模式”和“谷歌模式”。

携程通过整合相对分散的弱势的酒店资源，以及“无乘客就是成本”的看起来风光的机票资源，为它们带来了巨大的客流，从而在产业链上获得了话语权，因此在价值链上获得了更高的地位，占有了一席之地。

谷歌模式通过整合各种形式的信息资源，利用自己的核心技术归类，再通过算法输出给检索的用户，让用户更高效地寻找到自己想要的信息，用户就更有动力使用谷歌，从而重构了以自己为核心的产业链，在价值链上也居于核心地位。

而亿佰购物的寄居式商业模式对于下游的品牌商来说不可能像携程那样为酒店带来超过20%的付费客户，对上游的银行它也仅仅是一个试验产品和外包服务而已，没有帮他们开拓新客户，而是对他们现有客户的维护和再消费而已，没有太高门槛。这样的临时模式注定不能长久，但却又看不到模式调整的可能，所以这样的道路注定从一开始就是有问题的。只是看似繁荣的快速扩张隐藏了背后逻辑的脆弱。

第 2 章 昂贵的试错代价

创业的过程就像摸夜路，你迈出的每一步都有可能是错的，在这时最重要的不是能走多快，而是要先保证下一步万一迈错了自己不会摔死。你还要有敢于放弃的勇气，这样才能在发现走错路时及时回头。

1.我是被成功击败的

试错人：老皮
项目名称：我易网
主营业务：中小学在线教育
试错时间：2008年7月—2011年7月

一个初出校门一无所有的年轻人，在创业路上最难的其实是战胜自己，比如老皮（化名）。老皮生于西部农村，2005年凭借努力考上了一所北京高校。毕业后，老皮没有像大多数人那样找一份工作开始按部就班的生活，而是走上了创业之路。

他选择的创业方向是在线教育。老皮说，中国的教育垄断性太强，学生考上一所好高中，就意味着能享受更优良的教育，只有互联网才能改变这种资源分配的不合理。“我很不容易才考上大学，深知教育对农村或者西部边远区域的孩子意味着什么，我想通过自己的努力改变这一现状。”然而他失败了。

人生的第一桶金

我出生在西部农村，很不容易才考上了北京的大学。所以，我深深地知道教育对于农村或者西部边远地区的孩子意味着什么。大学期间，我也陆续地做过一些创业项目，但都只是小打小闹。

大学一毕业，我没有急着去找工作，而是决定自己创业。当时是2008年，市场上还没有太多在线教育网站，所以我就有了做一个在线教育网站的想法。

至于为什么要去做这个，是因为以下两点。

第一，中国教育行业，师资过于集中，好的师资都在名校手上，学生考上一个好高中或者在一个好城市，就意味着会获得好教育、好升学率，我想通过自己的努力改变这一现状。

第二，互联网与教育结合一定是大趋势，只有互联网这样开放的环境，才可以改变资源分配不合理和师资集中垄断的现状。

基于以上两点，我决定做一个面向三四线城市的在线中小学家教培训网站。这不是一般意义上的家教网站，国内很早之前已经有家教网站了，但是这些网站主要是家教中介，他们的家教还是要到用户家中去教学，网站控制力差且不说，而且没法解决我所说的问题。

所以，我一开始就不是做这种模式，而是要做一个平台，所有的体验、测试、教学、支付、评级，这一系列环节都在网上完成的互动式家教平台。

有了这个点子，下一步就是资金，当时我手上并没有太多钱，也没有筹集资金的经历，所以就去学校的BBS论坛上发帖寻找投资。结果有一位师兄通过网络与我联系，见了一面之后，就决定先投资我10万元，我有了第一笔创业资金。

有了第一笔资金之后，在何处设立网站就是接下来的问题了。我当时在北京的学校读书，但觉得10万块根本不够在北京花的。所以，听从师兄的建议，来到了武汉这个陌生的城市，除了因为这是师兄工作的城市，更因为武汉是教育重镇，市场足够大。

当时，我手上的资金其实完全不够推广的，所以第一批用户最重要。如果把这一批用户保留下来，并且让他们持续付费，就能够成功了。初期的想法最单纯，但是后来的经历证明了我最初的设想不现实。

对于招生，我毫无经验。所以我仔细调研了一下其他传统机构招学生的办法，发现正常的营销思路都是先拿学生名单，然后聘请电话销售，然后疯狂地电话邀约。

了解到这一点之后，我接下来解决了在线教育网站最核心的两个问题。

第一个问题是体验。因为家长不太信任不出名的网站，所以我决定大规模免费体验，我直接让家长带着学生到公司体验，甚至可以直接在现场约老师上课，然后我们给他一个房间，和远在北京、上海的比较好的老师面对面上课。现在炒得很热的O2O，我们那会儿就在实践了。这中间我改进了一个过程，就是最开始本来打算让学生通过QQ上课，后来忍痛为了用户体验效果，也为了更加严格控制教育内容，我租用了视频会议系统，这个日后成为公司最大的成本之一。

第二个问题是用户源。我采用了三个到现在也觉得很不错的办法。

第一个办法是直接花钱买下了几个网上家教吧，直接把这些家教吧上的用户导到我的网站上。这几个网站每天可以给我网站导入不少注册用户；第二个是我买下了某个分类信息网站的所有省级城市的家教版块广告，这个上面的用户都很精准有效；第三个是免费体验加电话扫街。

这三个办法虽然非常草根，跟那些高端大气的大网站动辄上百万的推广比，显得那么寒酸，但是最后证明是行之有效的。

正式运营后，我发现公司相对于传统机构的一些优势了。

第一，师资。虽然想请真正的名师，可惜名师太贵，于是我退而求其次，大量使用名校生，也就是清华北大学生，没想到比我想象的效果好多了。

第二，省去了租用教室的费用，更重要的是通过我的在线营销，获取的用户来自全国各地，而且以小城市居多。

那一段时间，用户基本很稳定，客单价也很高，等到体验以后，觉得效果很好的家长直接掏3000–4000元价格买单，我很快积累了几百个用户。

我开始犯错了

就在一切都向好发展的时候，我开始犯错了。这可能是所有初次创业者都会犯的错误，就是开始急于求成，我之后做了两件对公司影响非常大的事情。

第一个是接受了媒体的采访。作为一个早期项目，在内部流程都没有理顺的情况下，决定扩大影响力，没想到这个事情对我造成了致命的影响。我没有想到电视媒体会有这么大的影响力，在接受采访后的当天，大量的流量涌入我的网站，因为网站当时没有真正的技术，模板都是拷贝过来的，也没有所谓的后台支撑系统和数据缓冲，网站一下子就崩溃了，直接导致其他用户根本就上不了课了，对用户的体验造成了很大的伤害。这个事情给我一个很大的教训，在内部技术和运营体系没有理顺的时候，不要轻易宣传，哪怕来了这么多流量你也承接不了。

但是当时被小小的胜利冲昏头脑的我，根本没有想着怎么去改进网站技术，也没有想着为网站招一名技术开发者。

在网站恢复后，我又做了第二个错误的决定——跑到贵阳去开了第二个办事处。当时我想，武汉负责中部地区的销售，再增加一个贵阳销售团队来辅助，这样在理论上公司就会有更大的市场和更多的学员，但遗憾的是我没有考虑到成本问题，也没有仔细计算员工的工资。最终这个行为给项目带来了灭顶之灾。我很快发现，公司现金流不够了，虽然不断地有学员来报名，但仍无法负担两支团队的开销。当现金流出现问题的时候，我并没有想着去融资，实际上一个初出茅庐的大学生也根本没有渠道去接触VC。

接下来我面临到一个问题——用户开始流失。由于产品没有考虑到用户的定位问题，公司的用户都是高考学生，在高考完之后，他们不再需要这种服务了，所以，老用户大量开始流失。因为当时现金流已经很吃力了，根本无力再去吸引新的流量，网站就这样断断续续生存着。

接着我又犯了一个后悔至今的错误，当时觉得网站每天都有人报名，流水也还不错，就这样熬着，等到这个市场爆发的时候，机会就会来了。所以就拿着手上的资金去买了一套房子，因为觉得房子肯定会增值。

就在买了房子之后，没想到网站形势急转直下，老客户流失得越来越严重，迫切需要打广告的资金，但是这时我已经没钱了。几个月之后，我的第一次创业就这样失败了。

创业失败的反思

两年后的今天，在线教育已成为了投资热点，而在这两年中我一直不断地思考，这样一个存在着需求并且能够明显解决问题的项目为什么最终会做失败。我总结出以下几条，希望与大家探讨。

第一，生不逢时。在线教育一定是大趋势，现在不管是多贝，还是51talk、91外教，都在这个领域做得不错。但是，作为一个市场先行者，在没有资本的支持下，成功绝对是偶然，失败一定是必然。市场还需要时间教育，一个产品做得太早或者做得太迟都不好。

第二，缺乏规划。做时没有想清楚每一步该怎么做，感觉做到哪一步算哪一步，最后的结果一定是死掉。

第三，盲目扩张。一个销售站点都没搞定的情况下，却一下上了两个站点，加速了死亡。

第四，对市场投放没有反馈与分析。只知道投放，却没有做精细化的市场反馈与论证，没有搞清楚为什么流量有时候多有时候少，所以新会员减少也就是必然的了。

第五，没有联合创始人。一直都是一个人单打独斗，只注重销售，却忽视了互联网产品最重要的是用户体验，团队没有产品和技术，只凭一己之力做销售。同时作为一个大学生初次创业，管理团队也会存在很多问题，由于公司的工资开得很低，所以内心对员工有愧疚感，当一些员工犯错的时候，不忍心去指责他们，反而容忍了他们的错误，最终导致团队失控。

第六，资源不足。作为大学生创业，很少有风投来投资你。我做的又是一个极度需要资源和资金的项目，而自己又缺乏经验，所以，失败就是必然了。当然，如果当时能有资源，能够融资更多，可能最终就不会是这个结果了。

第七，对现金流没有清晰的认识。总觉得，只要有启动资金了，有客户进来了，现金流就会正常了，结果由于资金一直不充足，自己又乱了阵脚，接连做出错误的和非理性的判断，加速了项目的死亡。

文/王静静

点 评

梅花天使创投创始合伙人/黑马顾问 吴世春：

不要用战术上的勤奋，掩盖战略上的懒惰。

创业者作为CEO，每一刻都应该跳脱出具体业务来判断整个公司的优势、劣势、机会和威胁。CEO作为领头人，做正确的事情比把事情做正确更重要。这个恰恰是刚毕业的大学生创业很容易犯的错误。

创业就像下棋，下这一步棋时能看到后面七八步棋的人肯定赢，能看到后面三四步棋的人有机会小赢，走一步看一步的人基本属于看天吃饭，要赢需要极好的运气。

资深创业研究学者/黑马顾问 龙真：

我易网的案例是一个典型的“核心竞争力”问题。

作为一个创业公司就应该把产品和商业模式打造成“尖刀”，用小而精的聚焦战略来对竞争对手们形成“护城河”。我易网已经通过用户调研和需求验证摸索出了一条接近成功的道路，接下来所做的事就是迅速树立起“护城河”，也就是强化自己的核心竞争力。

我易网的核心竞争力是对学生提供好的课程体验。第一，名校生在线给学生讲课，来自西部地区和三四线城市的孩子在感受师资强大的同时，也获得了更好的辅导。第二，学生体验、测试、教学、支付、评级都在网上进行，流程更简捷方便。学生知识的盲点、对老师的评价都可以量化，可以迅速改进。

我易网核心工作要做的就是不断发掘和改进课程体验。挖掘更多的名校生特别是各省状元成为讲师；开发和统一课件，做到老师不同，体验相同；通过技术手段更快地判断学生的知识盲点，有针对性地出题讲题等。但核心工作之外，还有基础工作作保障，否则上述的课程体验根本就无从谈起。作为基础工作，我易网的视频会议系统的高价采购，以及网站的承载能力评估和技术开发维护都是必须要做到位的。

所谓的护城河，就是这些“基础工作+核心工作”的综合体。

遗憾的是，我易网并没有在岌岌可危的核心竞争力的课程体验上下太大功夫，一旦模式被证明了之后就迅速放大规模，饮鸩止渴，最终酿成恶果。

2.一位急于求成的90后创业者

试错人：崔富程
项目名称：匿名
主营业务：本地房产信息服务
试错时间：2013年2月
—2013年11月

这个案例的主人公是一名90后创业者，由于忍受不了一成不变的打工生活，选择卖房创业，从房产中介起步，构建了本地房产信息发布平台、本地房产团购平台及本地团购平台，但最终还是失败了。

要做一个不平凡的人

2011年我买了房，2013年我忍受不了一成不变的打工生活，将首付11万元的房子卖了开始创业。朋友们都说我这辈子注定是个不平凡的人，若能成非富即贵，不然就是乞丐不如，这话现在看来真是一点都不错。

2013年初我手里拿着卖房得来的8万元开始创业，我前期的打算是做房产中介（房产中介在我们小县城是一个新兴的东西，很多人还是不信任的）。我对它的整个战略都规划好了。

第一步，做一家房产中介起步，立足本地，将整个房产中介的管理、交易流程总结完毕，并成功实施。

第二步，建立本地的网上房产信息发布平台，将其建立为一家实体与互联网相结合的房产中介。

第三步，建立一手房房产团购平台，也就是模仿新浪乐居（EJU.COM）。

第四步，房产中介开展连锁加盟模式。

最终组建三位一体的，涵盖一手房、二手房、线下实体、线上发布的房产中介新型模式。

然后给大家展示一下我的实际操作方法（以大体时间为线展开）。

2013年4月1日，店面装修完毕开业。当时是4名员工，底薪加提成模式，提成占到中介费（中介费收取总房款的1.5%作为提成）30%，底薪是800元，一般情况下在我们本地一个月卖一套房子每个员工大概能拿到2150元左右。

2013年4月、5月两个月一直都有跟进的单子，但是迟迟都拿不下，我们中间也总结了很多经验，其中5月我公司来了一位重量级人物，这位重量级人物是我的一个房产局的哥们。不得不承认他的加入大大提高了我们的工作热情、效率，改进了我们的工作方法。终于在2013年6月、7月前期跟进的单子开始集中爆发，我粗略算了一下，那两个月我的纯利润是2.4万元。

在5月份，我已经开始涉足一手房了，而且整个流程我都摸得非常清楚，因为我看了很多房地产开发与销售方面的书，而且我们经常踩盘了解房价走势。6月份我就接到了一个乡镇社区开发的无产权楼盘代理，当然我自己是没有资金操作的，我就借助关系开始寻找销售代理商，后来楼盘也接下来了，我每平方米抽取5块钱，按照这个算法我能获得7万元收益。但是最可悲的是那个楼盘操作得一塌糊涂，主要原因不是没人买，而是小产权无法办理按揭贷款，代理商算上装修以及营销开支总共损失了大概20万元左右。我现在感觉真是挺对不住人家的。

我的三个网站

2013年8月，当时我还是非常有信心的，毕竟中介是赚钱的，自己也清楚地明白，只要好好操作，我2013年肯定能赚钱，2014年就更没问题了。

不幸的事情就在8月发生了。由于我急于赚大钱，感觉这样赚钱太慢，一心想做房产团购，加上前期我做的一个本地的房产信息发布平台没推广好，我就一心想把团购做成。上半月我写房产团购网的企划书，写了200多页，下半月就开始建站，花了1万多块钱，9月中旬，终于上线了。这个时候我就按照前期营销方案开始准备做网站推广，由于我手头资金有限，网站推广的难度随之增加，经过分析，我决定寻求与开发商合作。本人是1991年生的，既没有家庭背景又没有资金，纯靠自己闯，最后弄得焦头烂额还是无济于事。这个时候我手头只有不到一万块钱了，房产中介那帮员工也开始军心涣散，我一边得稳住员工一边还得寻求出路。事已至此，我还是抱着最后的一丝希望打了两期本地传媒广告和两个月本地最有名的一个网站的首页广告，花了3600块钱。做完这些之后，我一边开始等待，一边开始重新分析我的网站，最后得出结论，团购网站本身是一个非常好的项目，问题就出在定位上。原因有三：第一，小县城居民的网络应用度不够；第二，针对于一个县城单推房产团购是必死的，因为房产不是快销品，它的商品性质就注定了它不能成为大众耳熟能详的平台；第三，缺乏形式上的优势，本地房地产还没到需要整合营销渠道的节点。

于是，我决定做第三个网站，前两个分别是本地房产发布平台、本地房产团购平台，总结了以上教训，我打算做本地团购网站，我又借了两万多块钱，开始我2013年的第三个项目，我打算运用本地的团购网站把我的房产团购平台托起来。

大概是2013年11月初，中介由于没资金运转已经停了，我分析那时候自己也是鬼迷心窍了，网站开始筹备建设，这个时候我和那位程序员已经很熟了，不过还是收了我4000块钱。网站上线用了接近一个月，不过有一点我是很肯定的，我的网站上线开始招商，我们团队6个人用了不到一个月，商户数量就达到200余家。招商结束后，网站开始运作，第一个月的营业额破万，广告投入了接近两万（这个时候我已经开始负债了。网站团队员工还需要工资，至元旦前，单单本地团购网站这一块我就总共投入3万多块钱）。

我说一下我的收入，我们抽点是5%，10000×0.05，也就是说我才赚了500块钱。如果事情就这样慢慢发展，也倒无所谓，慢慢就正常了，关键是这个时候我们的竞争对手冒出来了，这是本地一家门户网站，论技术不相上下，我的还做了手机客户端，主要问题是他的网站本身就是大众所熟悉的，这样竞争起来我们就败了。后来这家网站老板找我说，其实这个本地的团购网站，根本无法维持一个公司的正常运转，这是实话！而且我调查了一下，网站现在的销售额大有下降趋势，而且由于缺乏技术支持，申请支付方式处处受限，导致支付方式不够灵活。很多消费者和商家明白到团购的好处之后，反而都转战美团。其实按照我最初的思路，是想先做本地团购再做本地网上商城的，但只好前功尽弃了。

创业失败总结

1．急于贪大求成。如果我能踏踏实实地做房产中介，尽管赚钱速度不是这么快，但是绝不至于有现在的负债。

2．所做事业与自己原始资本不符。原来总以为操作个网站投资少，汇集资金速度快，其实不然。尤其是在小县城，大众对于网络的认知、认可程度远远不济。这主要的原因，我分析了一下，第一，有知识的青年人都在大城市；第二，网站推广费用远远高于多数人所想，推广费用高得离谱而且还不能硬推。

3．摊子铺得太大，资金难以集中发力。当然这个主要原因也在于缺乏原始资本。

4．在创新型行业创业，引导的过程是很缓慢的，所以网站我现在就打算“养”起来。传统行业虽然赚钱慢，但是成功率远远高于创新型行业。想急于通过创新型行业赚快钱是不现实的。

5．网络创业试点地要选好，起步很重要。如果我的网站是在一个市级城市做推广，推广方式以网络推广为主，以地面宣传为辅，可能就不是这么惨，所以“平台”很重要。

现在事情发展到这一步，我能做的就是坚持稳住这个网站，只要还能留住它，我就会坚持留住它，现在网站维护都是我一个人，光杆司令，仅需要晚上办公就可以。所以白天我要找份工作，重新开始寻找机会，等待创业的时机，谋划更好的项目。

给所有将要创业的伙伴们的几点提醒

第一，不要急于求成，要稳中求进，做事情一定要顺势而为，尤其是走下坡路的时候尽量不要扩大投资。商战不是不可以赌，但是要有价值地赌。

第二，选择好合适的项目，不要头脑发热，不要把自己放到项目里，要把自己的用户放到项目里，不要自己蒙骗了自己，有些事情理想都是丰满的，但是现实还是很骨感的。

第三，少看大企业的发展规划，当然战略还是要学习的，不过创业者其实最该学习的东西，大佬们是真的无法教会的，这个也是教不来学不来的。其实很多黑马人物，最缺乏的就是资本，很多人也都会运作资本，但是恰恰很缺乏资本，这一点只能依靠自己。

第四，屌丝、菜鸟，尤其是很多像我一样缺乏原始资本又没有条件融到资的创业者不要贪图大，不要贪图自己的宏伟大志，一定记住要从小做起，要学会稳，其实如果你真是一个有能力的人，按部就班地做，你总会成功的。

第五，网上看到很多大佬们追求百年企业，其实有多少百年企业，红顶商人胡雪岩，当年铺的摊子那么大，堪称商业帝国，负面新闻一出，不是也引起挤兑潮、倒闭了吗？当年史玉柱不也是因为流动资金导致企业问题，最后别人欠他的钱都收不上来了。摩托罗拉、诺基亚，很多年前我们觉得它们坚不可摧，不也是逐渐淡出商业舞台了吗？企业越大风险越大。

第六，网络是一个可以“暴富”的行业，也是一个极具风险的行业，知名度高、财富多并不意味着安全。

第七，网络终究是媒介、服务的载体，这是它永恒的定义。由此可见，对于互联网创业永远要记住两条：第一，文字和图片是至关重要的两点；第二，服务的便捷，是其成功必备的砝码。网络缺少便捷，甚至比线下还要复杂，就不要做网络。

文/崔富程

点 评

梅花天使创投创始合伙人/黑马顾问 吴世春：

其实我不鼓励太年轻的人创业，比如大学生创业和刚毕业不久就创业，那样创业失败概率太高了。

一是缺乏判断力，很容易被社会创业热潮裹挟，被媒体报道影响，什么热做什么，什么流行做什么，但那一般都是泡沫来临的前兆。

二是缺乏调整和转型的能力，人脉和资源都有限，比较难进行调整和转型。

三是容易一朝被蛇咬，十年怕草绳，从而害怕创业，失去后面创业的机会。

资深创业研究学者/黑马顾问 龙真：

创始人的反思很全面。其中最核心的一点就是满足用户需求的产品——网站，并不是用户目前所需要的。

创始人所针对的对象是一个县城里要买房的年轻人。这是一个非常纠结的市场。一方面，我们的统计数据发现，在县城里拥有手机和电脑的家庭越来越多；另一方面，他们上网的主要动作是游戏、视频、聊天、阅读，但没有把互联网作为工具。本地门户存在的意义在于社交和猎奇，而团购存在更依赖于各种强制推送。所以，正如创始人反思的那样，市场选择错误了。

创始人的线下房产中介服务在县城是有现实市场的，各种强制推送措施也可能获得大量用户。但这不是互联网玩法，更不是互联网思维。创始人以北上广深和一二线城市成熟的模式移植来做县城市场，却不考虑本地市场的现实情况，从客户需求出发来思考产品形式。

创始人目前还在独立支撑自己的网站，这还是创始人的侥幸心理在作怪，不是一个智慧的做法。

3.县级互联网创业的启示

试错人：老郭
项目名称：匿名
主营业务：棋牌类网络游戏
试错时间：2010年8月
—2012年8月

近来互联网创业的风向开始转变，受到巨头们的挤压，很多心怀创业理想的人都开始考虑地方性互联网创业项目。例如杭州19楼，这个用“Discuz！”搭建的地方性网站居然能做到年营收几千万。似乎做地方性互联网创业项目是个竞争小、收益可观的事。但是，情况真的如此吗？

县城里的“联众游戏”

攸县是湖南省一个安逸富足、拥有70万常住人口的县城，当地人搞出了各种各样的娱乐方式来丰富自己的生活。其中一款名为“碰胡”的字牌游戏非常受当地人的喜爱。这款游戏在当地非常普及，且已经形成了难以改变的玩法和游戏习惯。

棋牌类在线游戏在中国拥有广泛的用户群。如QQ游戏平台，就针对人们的喜好，提供了多种多样棋牌类的游戏。但是，它们的服务很难满足全部客户，这是因为棋牌类游戏在全国各地都有自己的规则和玩法。然而针对各地的玩家，开发有针对性的棋牌类游戏，对于巨头们来说成本太高，得不偿失，因此他们往往忽略这个市场。然而，这给了别人机会。

老郭是一名42岁的狱警，为了打发无聊时间，老郭自己搞到一些材料，开始学习编程。但毕竟是在小县城，这门“手艺”学了之后，没有足够的空间去施展。

大概因为警察职业的敏锐，虽然压根不懂什么叫利基市场、细分市场这些概念，老郭敏锐地发现“当时网上没有这类的游戏”，于是“就想试着做一个给别人玩玩，纯属娱乐。”

县城创业的好处

如果创业是一场旅行，那么老郭的创业史就是纯粹一个人的旅途。由于找不到别的合伙人，老郭利用工作之外的业余时间独立开发这款端游。在艰苦的条件下，他总共花去了七八个月的时间，一个人，一行行代码，在完全没有借用他人资源的情况下，老郭硬是坚持走到了最后，挺到了产品上线的那一天。在推广和开发自己产品的过程中，老郭发现了一些他可以利用的优势。

首先，县城很小，容易形成口碑传播。产品上线后，老郭开始了新产品的推广工作，由于手上没有什么资金，只好找同事试用并帮忙推广，但是他意外地发现推广效果很好。原来，小县城的优点就是用户非常密集，坏事和好事的传播速度都异常快，而且会第一时间快速影响到很多人。经过这些上网玩游戏的中年人的传播，一周时间内，用户数量就迅速攀至200人，不久最高同时在线人数达到了4000人左右。这在一个县城里是非常罕见的。

其次，县城生活节奏慢，容易形成一个有大量游戏时间的用户群。老郭的产品在推出后，他发现自己的用户大都来自同一个年龄段（35岁至50岁），这个群体的子女大都已经上了高中，他们的闲暇时间很多。

另外，县城工作不紧张，因而有大量“磨洋工”的时间。待在家里的家庭主妇和窝在公司上班的员工平时都想打牌消遣，但是无奈身在家中或是企业，没地方满足这个需求。如今有一个可以打牌的工具，他们往往一边打牌，一边偷菜。

第三，人们接受能够带给自己价值的新事物更快。老郭的产品完全复制了线下的游戏方式，即使是中年人，也能够轻易上手，而不用担心上手太难。很多中年人，甚至义务当起了老师，教周围的人怎么使用老郭的产品。

和其他互联网产品不同，经济水平的发展和互联网的普及，使得城乡的鸿沟越来越小。县域百姓也会依据自己的需求，选择合适的产品和服务。比如团购本地化服务，就难有市场，因为老百姓自己和商家更熟，直接去就能拿到折扣，还需要什么团购网站。

而老郭的产品正好符合了用户需求。这款游戏用户免费使用，只要有一台电脑就能玩，这种体验因为特定场景（如窝在家中无处可去或在上班）的存在，而变得异常珍贵。

第四，正是因为县域城市的变化小，用户的忠诚度更高。大的企业容易忽视县级市场或者因为利益太小而没有动力，往往不能及时推出拳头产品，打败本地产品。另外，由于生活环境的变化速度慢，用户的生活状态、收入水平等相对固定，用户一旦选择了一款产品，除非出现大的问题，否则不会轻易转移到其他同类产品上去。

看到自己的游戏受到人们的欢迎，老郭一度计划着快点推出网页版，并提供具有运营色彩和盈利能力的增值服务。然而，就在两年后，老郭拔掉了服务器的插口，宣布自己项目的“休克性死亡”。

放弃与无奈

老郭回忆起这件事，感觉非常无奈。他把自己失败和放弃的原因说了出来。

1．用户过载，服务能力的短板凸显。老郭说，自己确实不是技术大牛，当客户端的下载量不断增加，大量用户同时在线玩游戏时，游戏开始不断地报错，服务器时不时死机。用户在游戏的过程中，总是卡顿或者掉线跳出，总之一大堆老郭从来没有见过的技术难题一下子扑到他的面前。“当时，脑子里就是嗡的一声！”老郭说起自己当时的状态，他戏称自己管理监狱里的囚犯，都没有管理互联网用户那么难。

2．互联网人才的匮乏。老郭说他自己一直是一个人的战斗，就算加上煮饭的老婆，就剩下那些帮他测试游戏的铁哥们儿，这些人让老郭的产品接地气，但是却不是那种关键性人才。老郭自己要负责运营、推广和技术完善，可以说完全没有能力再做别的事情。至于那些能够帮助自己的人才，在攸县这座小城真是太匮乏了。就算有，自己也不一定能请得起。

3．信息渠道闭塞，融资机会渺茫。老郭告诉我们当时若不是朋友提醒，他都不知道互联网项目一般都需要风险投资机构的支持。可是老郭在一个小县城，当地人的资本运作观念还没有这么先进，所谓的创投模式对于很多当地富人而言，更是闻所未闻，而对于网络游戏这类项目，他们也往往因为看不懂而拒绝投资。更何况，三年前的老郭根本就不知道到哪里去找投资机构的帮助。

4．缺乏运营资质。老郭说，他曾经想过成立一家公司来运营自己的项目，可是自己上网查了一下，发现文化部出台的《网络游戏管理暂行办法》规定了要想注册一家提供“从事网络游戏上网运营、网络游戏虚拟货币发行和网络游戏虚拟货币交易服务等网络游戏经营活动的单位至少需要一千万的资金。”老郭笑称自己如果有一千万，还创个什么业啊。

5．强大的竞争对手入围。老郭告诉我，就在它运营出现问题、技术难点不断出现的时候，浙江一家名为同城游的公司，迅速地在攸县铺开，在当地有专门负责推广和运维的代理商。他说自己已经追不上他们的速度了，这家只有几个人的代理商在本地一个月收入就达到了6万多元。

失败之后的启示

老郭的失败也许是一桶冷水，浇灭了各位看官的心。我们不得不承认，县级互联网创业存在着很多先天的缺陷。正如前文所说的，因为人才缺乏、创业氛围不浓、政策门槛太高、新生项目难以抵挡成熟企业的竞争等原因，很多公司被迫关门。但是，我们仍然发现了这样一些亮点。

1．基于原有生态的微创新机遇巨大。县城是熟人社会，虽然正在缓慢变化，但是当地人需要的产品和服务，与大城市非常不同。作者发现，本地的创业项目，需要对本地化服务恰到好处的升级。之所以要基于原有生态，是因为县城百姓很难接受颠覆性的创新。

比如前文提到的团购就很难有机会，但是基于团购而衍生出来的代购服务却有可能成功。比如，代购某些进口奶粉、移动比价神器“我查查”等等。

2．巨头们看不上的细分市场，恰恰是创业者施展才华的天堂。地方特色使得县级市场规模有限，但是由于竞争相对不够激烈，创业者容易获得较高利润。如巨头们看不上的本地化棋牌，一些企业干得有声有色。

3．大平台的加盟服务商，也蕴含着机遇。随着淘宝等电商平台的发展，一些有针对性的地方特色网店开始发力，大公司也愿意提供资源给本地服务提供者，让其做本地市场。战胜老郭的同城游公司，就把业务外包给了当地的几个年轻人，它们给同城游公司提出产品改良意见，研发出适合地方的产品和服务。

文/陆海天

点 评

梅花天使创投创始合伙人/黑马顾问 吴世春：

互联网的特点是跨地域性，很难小富即安，很难在一个小区域里面称王。类似“19楼”这种地域性的机会其实并不多，大部分互联网服务还是全国性的。

互联网创业是讲究团队作战的，需要产品、技术、市场、销售团队紧密配合，每个方面都不能有明显短板，否则很容易被替代竞争性产品击败。

资深创业研究学者/黑马顾问 龙真：

本案例里，创始人选择的市场是县级的本地市场，选择的用户是县域里的爱玩“碰胡”字牌游戏的本地用户。需求是用互联网实现对线下“碰胡”游戏使用场景的替代。

正如创始人所言，县级市场有很多得天独厚的优势，也蕴含着巨大的商机。但做县级市场一定会面临着一个核心选择：你是做一个生意，还是做一个模式。

如果是做一个生意，在市场规模方面看到本地这一个市场就可以。把市场精耕细作，做出收入和利润，公司良性运转就可以。对应的是，前期启动资金是自有资金，不会有风险投资进入，人才和运营上要更贴近本地市场。需要有深厚的当地资源支持。

而如果做一个模式，在市场规模上一定要有多个本地市场的倍增效应，而不仅仅是简单的叠加。要能做到市场、人才和管理的规模化复制。它需要有样板市场、已经验证的商业模式，更重要的是要有普适性，要有规模化复制能力。对应的是，前期启动除了自有资金外，可以通过“讲故事”吸引天使投资，人才和运营上除了要有本地经验之外，更重要的是要有总结和复制能力。在每个本地市场不但要有资源支撑，还要有统一和规范的打法。

老郭从一开始就从客观上选择了做一个生意的玩法，这就决定了跟做模式的玩法完全不一样。这也就要求他摒除找投资的想法，不断通过各种正常或非正常路径来取得本地资源支持，尽快放大用户量，不断升级产品，做出现金流和利润，同时形成竞争壁垒。

4. “草根牛博”分家记

试错人：樊少
项目名称：@当时我就震惊了
主营业务：社会化媒体
试错时间：2009年10月
—2011年6月

2011年5月，《创业家》杂志报道过《草根牛博操控者》。文章让“微博福建帮”等隐秘力量浮出水面，描绘了伊光旭、杜子建、酒红冰蓝这三大草根微博操控者的发家过程以及各自的势力图谱。没多久，排名微博草根榜第一的伊光旭集团发生分裂，其最早的创业伙伴之一樊少携带若干大号自立门户。

这其中究竟发生了什么？以下为知名草根博主樊少口述。

上篇：决裂

2011年4月8日，中国首届微博营销大会在厦门召开，草根微博三大势力伊光旭、杜子建和酒红冰蓝悉数到齐。樊少也去了，此时距他与伊光旭决裂只剩4天。

我的微博名叫樊少，微博圈子里人称“饭勺”。新浪微博刚开始公测时我就注册了账号，从那时起就写段子，转发常常过百。2009年10月，我认识了伊光旭。当时他的微博粉丝不算多，但转发率却特别高。那时新浪微博刚开始有推送和转发排行榜，他都名列前茅。很多时候我拼命写，拼命抄，转发率也才和他持平。后来我主动给他发了私信，一来二去大家就成了朋友。当时还有两个同学与他一同创业，他们后来一个人做了“创意工坊”，一个人做了“冷笑话精选”。

那时，伊光旭刚从南京的解放军理工大学毕业。微博相识之后，他邀请我到南京转转，大家一见如故，很快便决定一起玩微博。当时伊在南京缺乏人脉，而我在凤凰新媒体待过，也因此积累下了一些人脉，于是我主要负责微博的公关推广和外联工作，当然也包括抢账号，伊和他的同学主要负责内容运营。早期我曾希望伊搬来北京大家一块做，但他以不适应北京生活为由推掉了。我们这种“两地分居”的状态维持了很久。在很长一段时间里我们都靠电话沟通，常常半夜讲两三个小时电话，每月只拿两三千块的工资，但反倒是那段时间大家合作得最愉快，对我们和草根微博的未来无比笃定。

创业早期似乎都从这样一种松散的团队开始，但回头再看，可能正是这样一种松散的状态埋下了不确定因素。后来伊打算注册公司，需要30万元启动资金，希望我来做天使。伊希望先把微博运营起来，之后才好跟投资人要价。我同意出钱，条件是要51%的股份。伊没同意，觉得我占股太高，他的意思是我占30%就行了，后来我退让到49%他还是没同意，最终我做天使这事只能搁浅。现在我确实有点后悔，因为后来当蔡文胜的投资进来后，事情就朝另外的方向发展了。

2010年5月的一天，我和伊光旭在北京建外SOHO4399公司的办公室里见到了蔡文胜。那一年微博还是新兴事物，智能手机也没普及，敢投微博的人不多。但蔡文胜看好微博的潜力，谈了没多久便决定投资我们。得到投资人的认可对我们是个莫大的鼓励，那天大家相谈甚欢，从4399办公室出来，外面阳光明媚，我和伊又感觉到了那种久违的激动。我们都觉得这一次创业应该靠谱。很快，蔡文胜100万元的投资在2010年7月到账。9月，伊和其他两名同学在厦门成立了公司。我那时还算是伊团队的人。

这期间大家的合作都还算愉快。2011年春节前后我分别两次去厦门。当时心想过年了，大家要聚一聚。见面之后，真如预想那样每个人都很激动，仿佛是战友和同志一样。那几天我们把酒言欢，唱K，游鼓浪屿，大伙一心想着要做件大事，至今我手机里还保存着那次在厦门吃饭时的照片和录音。那段时间，我们常常下班后留在办公室里弹吉他，还有人会应景地跳上迈克尔·杰克逊的太空步。在离开厦门回京前，团队里的姑娘还为我们每人画了漫画留作纪念，分别时候大家依依不舍。现在回想起来，这是多好的一帮兄弟啊。为了这次创业，我甚至还说服了一位老朋友一块加入，但后来发生的事情让每个人都始料不及。

伊成立公司的时候，我们犯了一个很大的错误——每个人都没跟他谈股份的事。当蔡文胜的投资到位后，伊也只和蔡分了股份。后来，伊一直耗了一年，到2011年的6月才答应给我们分股。起初我们坚持要拿5%以上甚至更高，但伊最多只给3%。虽然伊和他的同学主要负责内容运营，但从某种程度上来说，我是为他们“开疆扩土”的，那段时间我们每个人的付出，显然不只值3%的股份。我觉得这个南方人太不够意思了，大家一起做成了这个东西，最后他只和蔡谈好了，却不给我们股份。我们甚至还闹过两次出走，但伊一直不松口，到后来打了幌子说北京如果成立公司会分给我们股份。我当然不干，和他一同创业的朋友也无法接受。

这段僵持期一直持续到2011年4月12日，那天我和伊大吵一架，说他过河拆桥，忘恩负义。最终每个人的耐心都耗尽了。实在没办法，只能弄号走，自己出去做。我和另外两名团队成员修改了自己的几个微博账号密码，决定离开厦门。这显然是下下策，但是我们也没有更好的办法。就这样，其中一位兄弟带走“创意工坊”，我则带走包括“当时我就震惊了”前身在内的几个账号，没要伊的任何股份。2011年6月，我再次回到北京。

这段经历让我认识到，创业一定要先小人后君子。

下篇：出路

樊少带着“震惊君”这个自己运营的大号回到北京，想方设法让粉丝增加了600万。2011年年底，他的微博开始接受广告，这和伊光旭接触广告几乎处于同一时点。

离开厦门之后，我们便开始分别运营各自的微博账号。“当时我就震惊了”前身是“这个微博很给力”，2009年12月，我才把它改为现在的名字。

改名之前这个账号的粉丝数不足100万，现在，它有710万粉丝。

如今草根微博一个比较大的瓶颈是原创内容越来越少，基本只能靠接广告维持，一方面渠道比较强势，另一方面在新浪投放页面广告，成本非常高。草根微博必须自寻出路。

曾经有天使投资人找过我们，希望“震惊”团队能跟他另外的技术团队合在一起，但我没有接受。2011年前后，大家都觉得草根微博是一个牛逼而神秘的群体，到今天开始集体唱衰，认为做草根微博就是投机取巧。

这观点我不赞同，但如果草根微博仅仅关注到眼前利益而迟迟不转型，长远来看必死无疑。据我了解，目前很多草根微博处境的确苦闷。

2010年草根微博还没有所谓的广告收入，实际上直到2011年年底，草根微博们才开始有选择性地接触广告，2012年年初是广告覆盖最凶猛的阶段。前期大家都不屑于接广告，怕破坏用户体验，但到2013年微博的活跃度确实下降了，草根微博的粉丝增长很难再迎来引爆点。如果不靠广告，恐怕很多草根大号的收入将大打折扣。

我们也接广告，眼下这还是主要收入来源之一，但更好的转型计划已经在酝酿之中。现在我手中的微博账号按“吃穿住用行”划分，2013年7月5日到8月5日期间，收入从平均每天2万元增长至3万元，3个月内我们会产生APP垂直媒体平台。未来我们也许不是赚钱最多的草根大号，但我们的资源更畅通。

以前人们总担心新浪会封杀草根账号，可现在看来，这似乎并不成立。新浪微博即便人气下降，在未来两三年，甚至更长的时间里都不会产生比这更好的媒体形式。对草根微博来说，只要做好内容，增强黏性，一定会有良性的发展。从2013年起新浪加大了对内容抄袭和不实消息的管理，这说明只要你不破坏微博用户体验，不触犯新浪的底线，每个人在这个平台上都有平等的权利。尽管如此，慢慢你会发现，只靠广告收入的打法已经过时了，最后还是真正的自媒体玩得转。

什么是真正的自媒体？打个比方，我一直在用做媒体的思路来运营微博，“震惊”在我的设定中就是一家报纸杂志或是电视台。想做好媒体就要保证内容的质量，“震惊”的微博一直保证很高的原创性，比如每天早上要发积极并充满正能量的微博，9点到10点发资讯类消息，中间要夹杂内容点评，午休是娱乐视频，下午是学习和旅行，快到下班时间就弄点笑话给大家娱乐下，晚上谈谈情感，多发美图。有些草根微博会用时光机定时，采用工业化运作模式，人家有个小号辛辛苦苦地运营内容，你一抄，再定个时，就下班完事大吉了。媒体不能这么做。

我在“震惊”团队采用编辑部形式，很多微博编辑都来自传媒大学。他们是早晚轮班制，就算有事外出也要随时用手机监测微博动态。

确认定位之后，我想的是如何塑造“震惊”的品牌。起初我曾动用周边所有微博资源帮忙转发，且每转一条转发微博都要加上一句评论——“当时我就震惊了”。

早期我们没有接过一条广告，连内容也是我自己在写，有些微博我还会有选择性地@明星大号。谢娜曾经在主持节目时脱口而出：“当时我就震惊了！”王菲也常转发我们的微博。

就这样，仅仅用了三个多月的时间，“震惊”的品牌就塑造出来了。起初，“震惊”在草根大号中算是落后的，后期在这种运营模式下，它高速成长。

草根微博以往给人的印象都是见不得光的，好像地下组织一样，可我们都是在光明正大地玩。现在排名前20甚至前50的草根微博操控者都是聪明绝顶的人，他们代表了一种智慧，一种凭借自己的判断和辛苦去获取财富的手段。这些草根微博玩家往往非常年轻且没有背景，但在短短的几年内他们都积累了至少百万以上的财富。

草根微博不会死，这种小而美的生意代表了中国未来的创业趋势。

文/石海威

点 评

黑马基金合伙人/黑马顾问 胡翔：

股权结构设计是一个企业很根基层面的设计，股权结构如果不合理，企业也就很难走得长远。很多缺乏经验的创业者都会在初期股权结构的设计方面不太注意，从而在后期要付出很大的代价去解决。

在本案例中，有两点股权结构方面的安排是值得我们关注的。

1.本文主人公以天使投资的方式入股时的股权比例问题。这里要明确自身的角色定位问题，到底是以投资者的身份进入还是以共同创业者的身份进入。如果仅仅是投资者，要求过多的股份是不合适的，早期创业以人为本，核心创始人是最重要的因素，要给核心创始人足够的股权激励，并在经多轮融资后也能让创始人处于相对控股地位，因此投资人的持股不建议超过30%。如果是以共同创始人的角色进入，则要和其他创始人分清谁是“带头大哥”，要让“带头大哥”拥有最多的股权比例，成为决策中心，并带领团队去穿越创业路上的各种坎坷和不确定因素。

2.创业公司的股权结构设计问题。再好的兄弟、同学创业，都需要把股权结构与利益梳理清晰，否则一旦面临利益问题，就会让公司结构处于动荡的风险中，分家、出走都是很常见的结果。初创公司的股权设计，第一忌讳江湖方式处理，结构与利益不明晰；第二忌讳股权平均或分散，没有“带头大哥”作为决策中心；第三忌讳股权比例错配，非关键人员拥有大股权比例。创业者可引以为戒。

资深创业研究学者/黑马顾问 龙真：

初创团队的股权分配确实是个让很多人头疼的问题。特别是创始团队成员出力都比较平均的时候，这一问题就变得更加突出。但总的来说，作为投资方都不建议创始团队开始持股的人超过3个，而且尤其反对股权平均分配这种事。股权分配不清或平均分配在后续过程中，基本上都会出现问题。

在刚启动、没有任何投资进来的时候，投资方一般希望团队里面大股东能保持不低于60%的股份。这个比例也是有科学依据的，因为低于50%的股权经不起稀释。

在中国境内上市，证监会要求大股东的持股比例不低于20%。尽管国外没有明确规定，但一个创始团队从开始创立到最后上市，都要经过两到三轮的融资。可能第一轮稀释15%到20%，第二轮稀释百分之十几，第三轮又稀释百分之十几，公司每轮出让10%～20%股份，所有股东同比稀释，基本上到上市的时候就剩不了多少股份了。

上述是投资圈的常见规则，基于以上考虑，我们会发现案例中伊光旭的做法虽然道义上可能有待商榷，但从投资方的角度考虑，是比较符合投资规则的。

当然了，樊少在第一次以30万元进入、持有51%股份和伊光旭联合创业的思路也是可以接受的。

正如伊光旭和樊少的创业初期，其实很难确定股权怎么分配，我们建议团队里面比较核心的成员：1.大家先有一些大体的分配，一定还是要分配的，不明确分配，所有人都会犯嘀咕，积极性就会受影响；2.再根据分配来做一些调整，比如创业半年，可能大家都比较清楚状况了，根据大家事先的一些约定来做调整；3.在这过程中，通过股份代持的形式来方便操作。

此外，我们还建议约定一个防冲突机制：大家签订一个共同发起公司的协议书，把各自的权利、义务包括发生纠纷的解决办法，全部白纸黑字约定清楚。

比如某个股东因为一定的原因必须离开，那他的股权应该收回来。按什么价格、以什么方式收回都要有明确约定。一般约定三到五年。这样就可以通过约定机制即时、干净地清除掉不适合的团队成员。

5.盛世合兴生死危局

试错人：周嵘、袁丽军
项目名称：盛世合兴
主营业务：企业培训
试错时间：2009年9月—2011年7月

2011年7月29日上午8点，上班高峰时间，闷热的天突然灰暗起来，一场瓢泼大雨不期而至，将很多上班族浇透了。李明（化名）也被浇了个正着，他也正要出门，但不是去上班，或者近期内都不会有机会上班了。他跟他的在北京盛世合兴管理顾问有限公司（以下称盛世合兴）工作的60多位同事约好，9点准时在北京市海淀区人力资源和社会保障局的大门前集合，一起讨要盛世合兴拖欠他们三个月的工资。难道连天都不帮他们？他觉得很晦气，心更凉了。

据李明介绍，北京盛世合兴管理顾问有限公司刚于7月7日从中关村理想国际大厦4层搬到北京西四环北路五路桥慧科大厦西区4层北侧，7月25日还正常上班，7月26日，公司在没有通知任何员工的前提下将大门锁上，并贴通知说："根据集团公司计划，近段时间对公司资产进行盘点，即日起放假三天。具体上班时间以通知为准。"李明和其他还乖乖来上班的员工意识到公司这种举动的意味，当天赶去海淀区劳保局立了案。

大家不要以为只是一家普通的小公司可能面临的危局，盛世合兴创始人来头不小。

盛世合兴成立于2009年9月，由周嵘和袁丽军两人联手创办，当初这两个人因为利益分配不均一气之下从曾获得联想投资近亿元投资的聚成集团出走；两人打算在三年内再造一个聚成，将公司做成管理培训行业的NO.1。很快，他们搭起一个100多人的团队，并凭借过去两人的人脉和关系，开展业务。

2010年4月，周嵘、袁丽军两人搭上了有着13年培训经验、财力雄厚的“影响力集团”。事实上，周、袁两人的能力在管理培训界很有名气，他们离开聚成后曾有多家同业公司希望他们加入，但周、袁二人提的条件比较苛刻，要求在合作中占大股，这将很多潜在合作者吓跑了。

据了解内情人士李敏（化名）透露，影响力集团当时已做到每年1亿元营收，其老总易发久一心想整合做大，对周、袁二人要占大股的条件都答应了下来。

擅长打阵地战的袁丽军和希望整合做大的影响力集团董事长易发久一拍即合，迅速缔结“婚约”，成立了北京盛世影响力公司，影响力占44%股权，周、袁等四名个人股东占56%（其中周和袁的股份共占约40%多，周占约一半，由袁代持）。周嵘在接受《创业家》杂志记者采访时透露，当时影响力集团带过来的有3000万元的现金。当时盛世合兴仅以120多万元的现金入股。同时，影响力集团还有1000人左右的团队加入合资公司，双方走上了为期6个月的充满刺激和博弈的“围城”之旅。

袁丽军借用影响力集团的资金优势，凭借“全员劳动股份制，人人享受企业分红”的口号与愿景，短短6个月时间里迅速将团队扩张到近2000多人（当时盛世影响力最低层次的业务员底薪也有1500元，中级和高级分别是3000元和5000元，可想而知成本有多高），分公司近30家，还有两家子公司，业绩冲到了2亿元（其老东家聚成集团2008年营收不过3.47亿元）。

然而，合资公司董事长易发久对于这个结果并不满意。因为袁丽军挣得虽多，却没有什么利润，甚至于易发久还要往里倒贴钱。这是创办影响力集团13年来一直保持稳扎稳打作风的易发久所不能接受的。

易发久曾在合资公司内部对袁丽军说：企业不是这么做的，你这样会把企业搞垮的！有着20多年军旅生涯的袁丽军强硬回应：我只负责前线打胜仗，抢战利品，后方空虚不是我的事；我们的战略目标就是2011年不赚钱，全力把盘子做大，把市场占稳……按照周嵘的说法，当初两人的合作就是奔着一起做大去的，想不到合作后，袁丽军跟易发久“尿不到一个壶里”。

李敏说，双方闹翻还有更深层次的原因：周、袁二人由于拥有盛世影响力公司的控股权，因此也掌握了公司决策权，他们在公司内部排挤来自影响力的骨干（十几个分公司的老总于2010年5月19日出走，创办联创公司），更要命的是，袁还将公司使命由“教育产业报国”改为“打造冠军团队”，而在合作前，易曾问过周、袁二人是否愿意接受影响力的公司使命、文化，他们表示愿意。

种种不满的累积，终于让易发久忍无可忍，决定摊牌按照分家协议“离婚”，各自回到合并前的状态，新成立的公司对半，各自承担债权债务。

分家后影响力销售收入暴跌到只有1000多万元，元气大伤，只剩下几个核心的高管，至今盛世合兴还欠影响力集团120多万元。据悉，经过近一年的休整，现在影响力集团已初步恢复元气。

而“离婚”后，北京盛世影响力公司重新改名为盛世合兴，袁丽军继续任总裁，周嵘任董事长。周嵘说，此时，袁丽军依然大权在握。分家后，盛世合兴的问题开始显现：推广的课程满意度差，每月有100多万元的退款，新开的课程由于没招够足够的听众最后也没开成，但前期成本已投入，既不能开源，又不能节流，盛世合兴慢慢地举步维艰。“最困难的时候是2011年春节前后，那是传统的淡季。”周嵘说，也正是在这个时间段，人心思动。

2011年初，盛世合兴公司总部传媒中心总经理王富荣、营销在线总经理常占红先后离职并分别创立自己的培训公司，他们走时均带走了相当数量的员工，此外，盛世合兴沈阳分公司和天津分公司总经理也陆续离职并带走大批人马投奔同行业其他公司。

6月1日，周嵘、袁丽军、王昭耘等盛世合兴最大的四个个人股东坐在一起讨论：由于目前公司股权分散，希望能将股权集中到一个人手上，并由之后的大股东一力承担和解决公司存在的问题。周嵘说，王和另外一个个人股东是小股东，不愿意承担相关责任，最后落到周和袁身上。周有意接盘，而按周的说法，袁担心周接盘后自己会失去在公司的权力，也侧面证明自己之前公司经营的失败，于是积极到外面找钱。周对袁说，如果6月8日前袁还没找到钱，那么就由周来接盘。

6月8日，袁还是没找到钱，而周已找到一个朋友，愿意以500万元，只拿盛世合兴10%股权的代价进入，但袁不同意。最后袁找到广州宏道企业管理顾问有限公司（简称宏道智库），宏道智库声称有特殊关系，能让合资后的公司上市，于是周、袁等四人同意宏道智库以1000万元的代价取得盛世合兴70%的股权，袁和周各只留下20%、10%的股权。“当时想，要真能上市，即便只有10%的股权也比做一个小公司强啊！”周说。

但并购协议生效后，宏道智库的钱迟迟没有打进来，对方坚持要先把盛世合兴的营业执照改了才打钱。“袁手上拿着我的身份证复印件等资料，我不在的时候，他把营业执照改了。”改完营业执照后，宏道智库董事长刘志雄任盛世合兴公司法人，宏道智库副董事长兼总裁周东正任董事长，周嵘任名誉董事长，袁丽军继续任总裁。至此，盛世合兴终于真正易主。周嵘认为袁太过于相信宏道智库了，结果改完营业执照后，宏道智库的钱依然没有打进来。

7月1日，宏道智库、盛世合兴联合协商会议在广州召开，至今依然能在宏道智库的公司新闻页面看到这样一则其总裁办发的新闻：7月1日《宏道智库、盛世合兴举行联合协商会议》，会议中心主题是如何联合打造培训行业第一家上市公司，会议为期三天，由宏道智库广州分公司执行董事朱笑涵主持。

周嵘说，这次协调会的目的是督促宏道智库尽快将钱打到盛世合兴的账户。结果开完会议后，钱依然没有进来。

7月8日，双方开了第二次协调会，在这次会议上，周嵘发飙了，称如果钱再不进来，自己一帮兄弟不跟宏道智库玩了。当天的会议依然没有结果，周嵘和盛世合兴华南（当时唯一赚钱的片区）、西南、南京、广西、长沙等区域的10个分公司总经理决定单干，带走了公司利润最高的“整合天下赢”和“整合联盟”两大产品，原盛世合兴的客户可凭借原来的听课卡到新公司消费。“我当时想接（盛世合兴）也接不了，师出无名啊。”周嵘说。周嵘曾说：“我跟老袁这两年里忙来忙去，就做了一件事，搞出了一家亏损的公司。”

而此时袁丽军还对宏道智库抱有希望，坚持带着几个分公司的老总等待宏道智库1000万元的救命款。7月12日，宏道智库终于拿出钱，可惜只有70万元，发了一部分人的工资。

宏道智库入驻盛世合兴时，盛世合兴已经拖欠总部员工2个月工资、全国各分公司1–2月工资。袁丽军曾对员工承诺：“资金一进入就给大家发工资。”正因为这个承诺，李明和其他员工一样坚持等着宏道智库的入驻，甚至还幻想着资金进入后公司还能焕发生机，甚至重新铸造

2010年那样的辉煌。

谁知道合作达成后，盛世合兴总部员工及部分公司员工的工资被继续拖欠一个月。7月25日，宏道智库的代表在入驻盛世合兴总部20天后，被已经勒紧裤腰带为公司卖命的员工愤然赶出了办公室。此时，袁知道自己已回天乏力，当日也黯然递交辞呈离开了自己一手创办的盛世合兴。

对于员工欠薪情况，宏道智库副董事长、盛世合兴董事长周东正特意电告作者，这是一起正常的公司合并案，欠薪是“正常发生的事情”，不值得特别关注，并称这是他唯一能表的态。周嵘却认为，宏道智库当初入主盛世合兴，当然也要承担盛世合兴欠员工的工资等债务，“不然凭什么以那么优惠的代价转让股权？”

据李明介绍，现在袁丽军已找到新东家，职位是副总裁。他和其他同事曾接到袁丽军的短信：“虽然我出于无奈不得不离开总裁岗位，虽然我离开时公司依然欠我的工资讲课费在百万之上，虽然我两手空空回到西安家乡，我还是要感恩过去，谢我的团队与我荣辱与共，谢前董事长周嵘和易发久，更谢现任董事长周东正——他是有责任的人。相信他及他背后雄厚的财力是公司解困的后盾。任何一个辞职的总裁都希望原公司能干得更好，我感谢并祝福你们。——原盛世合兴总裁袁丽军。”

对于周嵘来说，也许盛世合兴不过是一家亏损的公司，大不了从头再来；对袁丽军，只不过换个公司再做高管；对于周东正来说，这是一起再正常不过的商业并购案；但对于盛世合兴的员工来讲，1000多人突然之间没有任何征兆地面临可能的集体失业，被拖欠了3个月的工资找谁去要？

7月25日，直到盛世合兴公司总部关门的前一天，李明他们还被告知：公司不会有事，困难只是暂时的。“如果公司早点告知我们真相，让我们提前有个准备，或者离职，或者提前找工作，我们也不至于到现在3个月工资还没拿到手，紧接着就面临失业！”李明说。

文/卢旭成

点 评

黑马基金合伙人/黑马顾问 胡翔：

本案例主人公先后经历了出走、合资、分立、并购等公司股权层面的变化，反映的核心是合资、合作与并购需要面对的问题。首先是与影响力集团基于战略合作基础上的公司合资，合资这种合作方式本身就是一个相当不稳定的结构，合资双方各有诉求，决策主体模糊，一旦有一方对经营理念、战略方向不认同或者经营状况不够满意，就会出现合资双方分立的局面。

而对于与宏道智库的合作，70%股权的转让，等于将公司委身于人，这是一个并购与整合的问题。在公司出售的过程中，一方面需要对买方也有个充分的尽职调查，了解对方的收购策略、经营理念、资金实力等，另一方面需要就收购后的管理结构、资金安排、员工处理等关键问题有明确的方案，并在协议条款上有清晰的落实，从而在必要的时候有法律保障。

总体而言，合资与并购整合的成功率都不高，需要创业家们谨慎对待。

6.饮鸩止渴只有死路一条

试错人：郑立
项目名称：分贝网
主营业务：音乐网站、视频聊天网站
试错时间：2003年6月
—2010年6月

最近碰到一个做企业的朋友，他突然谈到2010年轰动一时的80后创业英雄——原分贝网（前身是163888）创始人郑立可能要“出来了”。作者查了一下2010年6月的新闻，当时郑立是被湖北荆州区一审法院判处6年有期徒刑，罚金50万元，想不到他那么快就要重出江湖了。

这位企业界的朋友谈起当年郑立的分贝网的起落，颇耐人寻味。

163888能起来，UC有莫大的功劳。UC（新浪UC前身，2004年卖给新浪，合并为新浪UC，现在新浪UC也有视频聊天的秀场模式，由9158代运营）成立于2002年，定位为一个语音演出平台。

当时网络音乐刚刚盛行，全国有很多这样的音乐网站——音乐爱好者张罗的，在上面可以自己用一些软件录歌，录完传上去，通过论坛来讨论。UC找了很多这样的网站，搬到UC上去，全部开房间，每个网站都有一个房间。他们平时在论坛上扯扯淡，然后再跑到UC的语音聊天室里一起吼两嗓子。当时UC的音乐氛围特别浓，很多都是原创。163888用户能起来，还是依托UC。

分贝网的前身，叫163888，因为重庆那边，美女比较多，郑立当时做得还是比较大的。当时还有一个叫蓝族的网站也做得很大，它的主人叫王铮亮，在网上的小名叫小亮，影响很大，他后来是快男选秀前五的选手。

那些音乐网站，大都由一些爱好者创办，自娱自乐。163888是这批网站里较早进行公司化运作的（2003年6月），恰好也赶上了数字音乐比较红火的那波热潮（通过SP可以狂赚钱）。郑立给163888定的思路是，包装网络音乐人。他把香香、杨臣刚挖掘出来，包装《老鼠爱大米》，一下子就火了，迅速拿到了风投（2005年郑立依次拿到IDG和阿尔卡特两轮共计800万美元投资）。

网络音乐这个市场在2006年却迅速衰落了——神话破灭了——网络红人不靠谱，所有唱片公司都不认可这个模式了。郑立他们的日子变得特别特别难。

郑立是1982年出生的，拿到两轮融资后，他被塑造为80后创业的代表。这哥们膨胀得太厉害，后来觉得自己什么事都能干，最后谁的话也听不进去，搞得团队很不愉快。其中一个合伙人觉得没法干了，找郑立拿了点钱，2006年离开公司了，另一个合伙人后来也撤了。

两个合伙人离开后，那时郑立好大喜功，什么都想干（郑立在2007年6月18日分贝网成立四周年之际，重金购买域名fenbei.com，推出新的版本），导致整个公司业绩逐步下滑，2007年的时候，分贝网已经都有点快扛不住了。

当时重庆出了一个模式，叫视频聊天室，实际上是抄的台湾的声讯服务模式。那种模式，台湾做得非常成熟，形成了庞大的产业链。台湾做声讯服务模式是合法的，那种模式是，我（美女主播）脱一件衣服，你给我多少钱，做色情表演。

重庆一帮人给学过去了，偷偷摸摸搞，他们不太敢做大型的表演。重庆那帮人做这个事情的模式是，用户注册就要交钱，交钱进去之后，你就充值付费，要不什么也看不了。所以点进去的人，都是有需求的，他必须要看。我花钱了，充值了，你让我什么都看不到，这不可能。

在分贝网风雨飘摇的时候，郑立关注到这个事，觉得公司反正也经营很困难了——据说当时最惨的时候，公司账户上只剩下不到一百万元了。郑立决定做这个。

其实“色情”是硬需求，很容易做，三个月后分贝网月收入就冲到500万元。分贝网当时招了八十多个女孩，把公司弄成隔间在那表演。为了追求高营收，只有脱得更多，所以后来全是裸聊，什么工具、器具都上。当郑立发现分贝变成全裸聊网站后，他想控制已经控制不住了。

因为整个公司的人，经过公司发展的一段低潮后（差点揭不开锅），突然营收做到每个月500万，简直跟天上掉钱一样。公司所有人都尝到甜头了，郑立说不弄，已经不行了，更何况郑立本人也不是特别坚决。他虽然意识到这种玩法有危险，但已经控制不住了。很快，这个模式做了半年后，就被警察抄掉了。

这种模式，一开始就注定了是这样一个结果。

采访/徐利君

整理/刘建强

点 评

资深创业研究学者/黑马顾问 龙真

从商业模式的角度来看，郑立做视频聊天室的选择是没有问题的，只不过对于用户需求的判断上出现了很小的偏差，导致产品运营上走了一条极端路线，最终陷入色情表演。

娱乐和低俗总是相生相伴的。

根据人性的“性”需求来做文章，对于用户来说具有普适性，潜在人群自然不用愁。难题在于切割和细分这个“性”需求，比如交友方向，比如发泄方向，比如诱惑方向，比如故事方向，比如同性方向，比如炫耀方向，比如模特交易方向等等，不同的需求方向决定了不同的玩法，商业模式、产品以及运营也都会有极大的不同。

郑立当时最主要的考虑是要快速做大营收，因为其面临资金链断裂的风险。在“性”需求上想快速做大营收的话，“裸聊”确实是最好的一步到位的选择。

裸聊模式严格意义上来说属于“内容模式”，这是创始人所擅长的模式玩法。从创始人背景来看，做音乐属于做内容，做网络音乐强化了用户产生内容的方式，也是做内容。做音乐公司更是做内容了。通过“裸聊”这种最极致的聊天方式，带来的是用户最极致的体验，但用户付出的是“订阅费”，这还属于典型的“内容模式”。“内容模式”在郑立时代做到了极致，却给他带来了灭顶之灾。

之后的YY、六间房和9158的玩法都采用了“关系模式”，通过关系套现。上述“内容模式”和“关系模式”看似非常类似，但做起来却需要完全不一样的基因。

关系模式的核心属于“打赏模式”，除了“内容”之外，更重要的是“关系”。“关系模式”可以探索的路更多，盈利模式也可以更多，越来越成为主流。

事后，如果说分贝网输在了哪里，我觉得可以说输在了创始人“内容模式”的局限上，内容做到极致就难免限于低俗，低俗的极致注定是色情，这是一个越陷越深的方向，在生存和利益的驱动下很难回头。

第3章 不靠谱的商业模式

很多创业者是觉得自己发现了一个牛X的商业模式去创业的，但实操中会发现，所谓的完美商业模式根本就没有存在过。放眼现在最牛的商业模式，都是创始人和其团队在实践中不断调整提升的结果。想出来的商业模式不是你的，做出来的才是你的。不被市场认可的所谓完美商业模式都是耍流氓。

1.生鲜O2O探路记

试错人：熬
项目名称：果仔快跑
主营业务：生鲜电商
试错时间：2013年7月
—2013年10月

面对众多生鲜电商风雨飘摇、举步维艰，投资人不看好其前景的情况，是否生鲜O2O电商真的只是个伪命题？本文作者是一名90后创业者，从开始对小而美的生鲜电商充满信心，到经过5个多月的亲身实践最终宣告失败，他都遇到了哪些困难和挫折，又有哪些感悟和经验分享？以下是他的自述。

我的“果仔快跑”

O2O，生鲜电商，90后创业者，这些鲜艳的标签却掩饰不了我内心的忧伤。

果仔快跑，成了我不愿再揭的伤疤。

2013年7月，看了原始烧烤和果酷的创业故事的我，按捺不住内心的澎湃，我觉得O2O时代已经来临，生鲜电商大有可为。

看到众多生鲜电商的风雨飘摇，举步维艰，我不以为然，我觉得我可以做一个小而美的生鲜电商。

因为没有较好的供货渠道，我没有选择海鲜、蔬菜，而是选择了水果，普通的水果。根据我卖过水果的小伙伴的经验，水果的毛利率可以有60%左右，100%的毛利率也都是比较正常的。正好，在我们创业地点不远的地方，就有一个水果批发市场，进货渠道也有了。

既然用互联网思维做生鲜，个人感觉互联网最重要的作用就是营销，于是我们建了微博、微信，还投钱拍了一个宣传视频。互联网营销的受众不是大爷大妈，而是年轻的80后、90后。这群人最集中的地方就在大学校园里面。大学生，几乎人人都有微博，个个都用微信，特别适合互联网的营销。大学里面，很多女孩子都非常喜欢吃水果，几乎每天都要消费一些。而一个宿舍4到6个人，密集的宿舍区就是单位面积的高订单率，而招一些大学生，也可以降低人工成本。

营销模式、产品、客户、营运成本、投资风险及利润分析、未来发展前景，考虑再三，我和我的合伙人选于2013年8月底开始了我们的创业之旅。

创业经过

接下来我们开始选址，租房子，买设备，选软件，建立订单处理及财务系统，规范操作流程，招募兼职，培训员工，制订配送方案。我深信，心有多大，舞台就有多大；公司再小，清晰的流程、合理的制度、完善的财务都是必需的。也许不久后我们就要融资，我们就要发展壮大、开连锁店。

没有传单，没有海报，没有任何的地面宣传，就这样，凭着联系好的几个微博大V的转发我们的视频及开业的消息，我们以为就完成了前期的宣传，以为这就是用互联网思维运营传统行业。

一个月的筹备，9月25日，开业。开业当天，我们进了一千多元的水果，然而3天卖了不到100块钱。水果也不能再放了，必须处理掉，我们找了个水果摊以极低的价钱处理了剩余的水果。紧接着，因为水果的个性化差异，几个买家，又投诉说柚子酸，葡萄甜，橙子好看不好吃。我们只能流泪苦笑。

请的兼职都闲着没事做，我们只能不好意思地结算工资，说对不起。旋即，“十一”来临，学校放假，学生都回家了，我们刚开不久的店，暂停营业。

“十一”期间，我思考了我们前期的问题。1．订单太少太小，还不适宜批量采购，一旦大批量采购，我们无法消化库存。2．营销手段单一，仅凭几个微博大V的转发，无法有效覆盖大众。我们需要通过一些线下的传播方式——传单、海报、横幅来营销自己。3．货源方面，因为水果的差异性，我们不会挑水果，我们可以和一些有经验的水果摊贩一起进货。

“十一”过后，我去找了一些水果消耗量比较大的餐饮企业，以获得稳定的订单。

我们又找了比较了解学校情况的同学，制订线下营销方案。

为了提振团队信心，我洋洋洒洒地写了一份漂亮的商业计划书，去当地的一个知名水果连锁超市寻求货源支持。

我自认为，虽然前期不利，但是我们已经知道了问题所在，亡羊补牢，犹未晚矣。

不久，我和合伙人顺利见到了水果超市的老板，第一次见面，他仔细看完商业计划书，表示很有意向。他希望我们提出一个入股的方案。

不久，第二次见面，我们还未谈及入股方案时，他开始一系列关于成本、利润率的分析，一次次、一次次地否定我们，认为我们的水果电商难有作为，盈利艰难。

没过几天，合伙人希望撤资。

旋即，我也无心恋战。

果仔快跑，瘸了……

今天写下故事，不是为了警示，我始终觉得生鲜电商不是伪命题，而是大有可为。失败的案例再多，失败的原因各异，但是成功者，除了坚持，就是做到极致。我希望后来者可以走得更远、更好。

文/熬

点评

E店宝创始人/黑马营师兄 陈涛：

果仔快跑是一次有意义的尝试，摸索了定向社区生鲜营销的可行性。但由于缺乏营销推广以及供应链管理的经验，果仔快跑最终还是无疾而终，其核心原因可以归纳如下。

1．缺乏系统化的推广运营。互联网营销并不意味着只做网上发布以及转发，还需要有其他强有力的推广手段来支持，尤其是创业初期，还是需要一些“强运营”的策略，否则很难吸引大量客户的注意力。流量都没有，何来转化率？

2．无法提供优质客户体验。果仔快跑选择大学生作为水果消费的目标客户本身没有问题，但是这一客户群体并不只有果仔快跑这一条水果消费渠道。当自己不是客户唯一的选择时，能否提供更好的客户体验（购买加应用）和更低的商品价格，就是赢得竞争的硬指标。但从果仔快跑的实际情况来看，由于推广不利，销量不高，以及对上游供应链毫无话语权，这两者都无法保障，唯一值得一提的就是购买上的便利，但是和校门口的水果摊比较起来，这一点优势并非消费者刚需，几乎可有可无。

3．无力掌控货源供应链。所有做大的电商几乎都有同样的战略举措，就是加强对上游货源供应链的掌控。而果仔快跑因为初期业务并不顺利，手中寥寥的订单无法为其增强对货源的话语权，成本都控制不住，就更不用说品质控制了。

2.自己造出的“成本黑洞”

试错人：刘源
项目名称：西米网
主营业务：休闲食品电商
试错时间：2008年12月
—2011年10月

如果现在来重新审视2011年以北京西米网为代表的休闲食品独立电商倒闭潮，会得出这样的结论：创业者如果不清楚自己能干什么，不能干什么，贸然“接地气”做自己不擅长的物流、仓储以及实体店等生意，自己给自己造出“成本黑洞”，不能量入为出的话，公司倒闭是必然的。

小有所成后不要膨胀

做西米网是被逼出来的。2008年的某天，创业者刘源踯躅于北京街头，无所适从。他刚刚从上一个失败的创业中解脱出来，银行卡里只剩下8000元了。可是8000元还能做什么呢？他看着熙熙攘攘的上班人群，想起他在金融街某银行工作的女友爱吃零食但是懒得买的习惯，突然有了一个创业主意：不如就把零食卖给这些办公室的白领吧！

这还真是个本小利大的活儿。搭个网站，对于IT男刘源来说，几乎不费什么成本。拿5000元进些饼干、话梅、开心果等好吃又有卖相的小零食，再花3000元去印刷彩页小广告，彩页上的零食图片显得精美诱人。启动的区域不用太大，一个白领人群足够密集的商圈就行，比如金融街。

2009年1月28日，当刘源带着创业伙伴在金融街附近的地铁口、路口发出500多份广告，开业首日就引来50多份订单时，刘源知道，这次他的西米网一定能做成。

现在看来，西米网能成功依靠的是精准定位和细心服务。针对办公室白领，西米网把200多种女孩子爱吃的干果、蜜饯及豆豆等零食聚集在一起，组成了一个有相当冲击力的零食网站，并且大胆提出了“办公室零食”的概念，价格都统一定为10元或20元，这对于嫌麻烦的女孩子来说，省了不少计算的时间和心境。

在成本控制方面，西米网采用批量采购，然后再小盒、小包分装，贴上自己的品牌标签，有些零食还很细心地送一包湿纸巾，既提升了人气，又提升了利润率。

针对一些不愿意网上购物的白领，从2009年开始，西米网在北京主要商圈的商场铺设了店中店。“开在商场，能保证人流量，做快消最大的需要就是人流量，同时喜欢逛商场的年轻人也正与西米的客户定位相符，精准要体现在各个方面。”刘源说。

网络加实体店并行，到2010年5月的时候，随着办公室白领间病毒式口碑传播以及大众媒体的报道，西米网的“办公室零食”在北京已经有了一定的知名度。根据当时媒体披露的数据，西米网在2009年实现销售收入700万元，截至2010年5月底，销售收入已经超过600万元，注册会员数量30多万。

其时正逢团购网站兴起，西米网和火热的团购网站进行合作推广。

根据刘源的回忆，跟美团合作的那一单，其团购人数达到3000多人，关注度很高。

当西米网每天的网上订单超过300单的时候，它在物流配送方面的硬伤显现出来了：既无法保证速度，也无法保证商品包装的完整性。

刘源大胆地选择了自建物流和仓储，在北京主要商圈承诺两小时送达，在中关村、复兴门和三元桥就近发货。受到公交车按点发车的启发，西米网还规定送货员30～40分钟出去一次，保证了三环以内能在两小时内送达。在当时，北京电视台有一期节目是关注电商配送速度的，邀请了西米网参加。节目播出后，西米网的两小时配送成为亮点，极大地提升了消费者的购物体验。

自建物流和仓储是刘源的致命败笔，那都是像凡客、京东这样的大电商平台才干的事情，那得对渠道和货物周转有丰富经验，得能精密地平衡业务规模和成本，盲目自建物流和仓储很容易让自己陷入“成本黑洞”，最后死都不知道怎么死的。

在西米网的快速发展中，刘源也频繁开始了与风投的接触。按照刘源的设想，如果融资顺利到位的话，西米网从2011年起会在上海、深圳和广州三地陆续上线。

根据刘源的访谈：“西米网需要迅速抢占更广大的市场。同时，已经在北京开了四家线下的实体店，虽然是出于宣传和增强用户体验的考虑，但也不排除线上与线下相结合的发展模式。另一方面，西米已经增设了新鲜水果、茶饮品等频道，办公室零食只是发展的切入点。下一步，西米希望逐渐扩大到其他类别，最终成为一个专业的食品B2C网站。就像买书会上当当，买衣服会想到凡客，有一天，你需要买食品，你最先会想到的，是西米。”

而开实体店又是刘源的另外一大败笔。做IT出身的刘源团队压根没有开实体店的经验，上文提到很多街边零食小店都能赚钱且赚得不少，但那需要在品类选择、选址、装修乃至店面促销等方面有丰富的经验，那也不是一朝一夕能练出来的。

尽管刘源想象得很好，线上线下结合，类似于O2O模式，但在线上都没做到极致、资金又不到位的情况下，贸然地分散资源做线下实体店，那不是自己找死？更要命的是，西米贸然地把品类扩到水果、茶品等，水果是易损耗的品类，哪里像干果等零食易于控制成本。

不待风投进入，2011年10月27日，西米网首页挂出公告，宣布“谢幕”。刘源表示：“休闲零食这个行业，每公斤价值太低，导致物流成本太高，所以造成了销售额很大却一直无法盈利的困境。经过两年多的努力后，我决定换个生意，换个活法。终于做出了关闭零食业务的决定，心如刀绞……”

西米死是必然的，不死才是奇迹

西米网是小成本创业的典型企业，它能以8000元的启动资金，在一年之内迅速做到700万元的收入实在有点狗屎运。

西米网死亡原因，上面已总结了两个——贸然自建物流和仓储，让自己过快陷入“成本黑洞”；过早开实体店和引入易耗的果品等品类，增加公司运营成本，让公司现金流过快紧张。

当然，拉不来风投是其中另一个死亡原因。在西米的发展过程中，自始至终没能得到一家风投的青睐。据刘源事后对作者讲述，当时能见的风投都见了，但都没有投，只有一家小风投有些兴趣，临到投资又放弃了。

刘源总结，风投不投的原因有几个。其一，毛利不高，35%的毛利率虽然不算太低，但食品是个特殊的品类，有生产周期、保质期、仓储条件等各种限制，损耗比较大，综合之后，利润率就不高了。其二，行业门槛太低，竞争对手太多，很难做成一个大企业。小富即安可以，但要整成上市企业很难，而如果不上市，风投就没有很好的退出道路（国内创业圈形成了一个奇怪的理论，似乎没拿到融资就不算创业，西米网完全可以做成一个小而美的“办公室零食工场”，赚着钱，在办公室白领中拥有良好的声誉，慢慢积累用户，增加黏性，为何一定要拿融资）。

说休闲食品行业做不大，其实也不尽然，至少对实体企业的休闲食品连锁品牌“来伊份”来说不是。“来伊份”是总部位于上海的休闲食品品牌，主要在自己的店内出售散装零食，产品线拥有从果脯到肉制品等十大系列。

除此之外，刘源还用“每公斤价值”这个新鲜的词归结了西米网倒闭的原因：“……还须关注‘每公斤价值’这一指标。是的，休闲食品毛利没问题（35%），单均没问题（80元），回头率、转化率都没问题，但每公斤价值只有30～40元……”

西米网倒闭之后，曾引起电商界著名人士著文探讨。曾打造了淘宝精油第一品牌“阿芙”精油的雕爷（真名孟醒）分析，西米网失败并非“每公斤价值”低：“按照奥卡姆剃刀的逻辑，发明这个词本身就多余，其实赔钱的原因无非两点：1．无法系统性降低成本；2．无法有效提高毛利率。”

雕爷称，要么持续扩大规模，依靠规模效应来不断降低成本，以获得未来的利润空间——这是京东、凡客的路。要么，就只能通过价值创新，打差异化，来获得足够高的毛利率，支撑未来更加惨烈的竞争。

在目前的电商江湖中，休闲食品（或扩大概念称“食品”）多数只作为综合电商的一个品类，比如说京东商城、1号店，也有专做食品的独立电商，比如中粮集团旗下的“我买网”和顺丰速运旗下的“顺丰优选”，这两者都背靠巨头，有充足的资金支撑，未来如何还有待观察。

在创业者中，西米网之后，“三只松鼠”或可作为西米网另一种发展的镜像参照。

“三只松鼠”由著名电商人士“壳壳老爹”章燎原于2012年7月创立，产品和曾经的西米网类似，主要销售坚果、干果、茶叶等产品，但仅上线65天，其销售额在淘宝天猫坚果行业跃居第一名；2012年“双十一”时，实现日销售额766万元，名列全网食品类电商当日销售收入第一。

“三只松鼠”选的品类，都是坚果、干果等易保存、易运输、毛利高的品类，如果加上所谓品牌情感输出，可以卖更高价格。

章燎原的打法很简单，他在西米网倒闭之后也曾经写过一篇如何做食品类电商的思考，章的观点是，没有必要去关注“每公斤价值”的问题，而需要关注的是一个商业模式其本身如何实现盈利。而这个问题的答案也很简单，就是“我必须要成为一个品牌”，因为“你只有是品牌的时候，顾客才会讨好你，才会付更多的钱购买你的产品”。要知道坚果目前看来还是属于食品中的奢侈品，大部分对象是白领，其实他们并不缺多付的那点钱，也很舍得自己付邮费，关键在于你是否让顾客有购买你的理由，而这个理由一定不是便宜。

文/王采臣

点 评

安全宝创始人/黑马营师兄 马杰：

Stay Focus!（保持专注）这是一句每个创业者都知道却很难把握的真理。在没钱没找到模式时要保持聚焦，市场不是一下子就会乖乖让你抓住；在有钱时更是要聚焦，确保已有的胜利还是扩大战场，真是一个艰难的选择。这是一个无解的问题，但做得比你自己想的更聚焦一点，总是对的，因为企业家大部分天生就不缺乏野心。

资深创业研究学者/黑马顾问 龙真：

西米网初看起来是死于“成本黑洞”，但细细深入就会发现其本质是对于客户需求的把握上出现了重大问题。

西米网的起点在于它发现了一个新的客户群体“办公室女性白领”，并推出了一个新的概念“办公室零食”。这个客户群体是一个非常大的群体，这个“办公室零食”市场也是一个非常大的市场。理论上，在这个市场可以有很大的挖掘空间。

如果做“办公室女性白领”客户和“办公室零食”市场，那就需要细细地研究“办公室文化”和办公室白领的吃零食场景。

群居是办公室文化最典型的特征，女性在购买办公室零食时的心理状态，以及在收到零食时的心理状态，以及分享给其他同事时的心理状态，都是需要作为重中之重来研究的。

“期待”“炫耀”“话题”“欢乐”是其中的几个重要的心理活动。通过对用户“等待时间”的设置、对“包装内容”的设置、对“产品分类和切割”的设置，对“多次消费和分享消费激励”的设置等刺激和强化心理活动的措施，都是做好这个市场的核心要素。

西米网的核心问题在于选择了错误的客户需求。配送时间不是小公司该做的。西米网非常可惜的一点是在上述客户需求的多个心理活动的链条里，选择了一个非常不适合自己的，最后带来了致命的后果。

根据客户“等待时间”设置的“配送时间”只是其中非常小的一个环节。但西米网却把它作为了办公室零食的一个非常核心的维度，并要求两小时到货。在配送时间作为核心维度的推动下，仓储和自建物流就成了必需。但仓储和自建物流带来的成本压力却不是创业公司所能承受的。因此，西米网虽然在市场和客户上做出了正确的选择，但在客户需求上选择了错误的需求，从而导致了一系列的恶果。

西米网很快全盘偏离了自己的市场、客户群体和客户的使用场景，从而导致了全方位的溃败。它的集中表现就是店中店。

店中店模式的客户群体是逛商场的年轻人，跟上班状态的“办公室白领”是不一样的一群人，购买场景里也完全没有了办公室的“期待”“炫耀”“话题”“欢乐”等动机。这是一块跟以往很不一样的新业务，也绝谈不上靠谱的O2O形式。

作为西米网的后来者，三只松鼠目前发展得很好。它相较于西米网有两大重要改进：第一、它通过自建品牌，规避了西米网作为渠道很难差异化的困境，并通过品牌故事，让用户形成情感依托；第二、三只松鼠在用户群体和用户使用场景上在强调“期待”“炫耀”“话题”和

“欢乐”等的“综合体验”，但并不强调配送速度，更不强调价格。但同时又通过69元免费包邮和单品10元的巨大价格落差，来引导人们达到“多人”“多种类”购买并“分享”的目的，聪明地实现了对西米网模式的升级。

3.产品先烈者的回响

试错人：陈天桥
项目名称：盛大盒子
主营业务：机顶盒
试错时间：2005年

试错人：王江
项目名称：搜吃搜玩
主营业务：移动应用
试错时间：2007年—2009年

先驱还是先烈？在创业领域，这是一个重要的问题。前者是眼光问题，后者却是时机问题。大家都希望能成为前者，但点儿踩得稍微不对，就很容易变成后者。

这次讲两个产品先烈的故事，正好是一大一小，各有思考。大的人尽皆知，是“盛大盒子”；小的现在没多少人知道，叫“搜吃搜玩”，却是苹果App Store最早的一批中文本土应用之一。

盛大：莫做政策的探路人

2004年，陈天桥以接近90亿元的身价在胡润中国财富榜荣登榜首，“中国首富”是这个刚过而立之年的商人最高的评价。他在2005年骄傲地推出盛大盒子，这是一款代表盛大转型“家庭娱乐战略”的重要产品。盛大意图使用户的娱乐中心从PC转移到电视上来，而通过盛大盒子，电视上供应的内容也不仅仅局限于网络游戏，还包括新闻、股票、电影等内容，这也被外界归纳为“IPTV战略”。

用盛大CEO陈天桥当时的话来描述就是，“用遥控器上互联网这样的梦想，比尔·盖茨做过，但失败了；比尔·盖茨最好的合作伙伴保罗·艾伦也做过，他也失败了。今天，一个中国公司要继续这个梦想。”

世界不仅仅是金钱构成的，更何况此次盛大触动的是比它体量大上数十倍的广电的利益，盛大盒子上市不足两个月，广电总局向电信和网通发出叫停“准IPTV”业务的函件，称“近期市场上出现了一种电子装置，可以用来与电视机连接播放互联网内容，如‘盛大娱乐’等。由于存在牌照、版权等问题，请中国电信及其下属关联公司配合广电，不给违规企业以网络支持。”

一些观点认为，陈天桥的盒子战略没有问题，甚至相当超前，直至今天，不少科技公司还希望在TV上有所为。盛大盒子的问题在于动了广电系统的饭碗，败于政策，而政策是需要时间来消融的。

起码在今天，政策已经被推开了门缝——2011年10月28日，广电总局下发《持有互联网电视牌照机构运营管理要求》（181号文），鼓励运营互联网机顶盒（OTT TV）。这之后，小米、乐视、华数、百视通、阿里巴巴等纷纷推出盒子，涌入互联网电视行业。

在中国的互联网电视行业，盛大以其超前的眼光成为先驱，但因为时间上进入的节点不对，先驱又成为了先烈。

搜吃搜玩：走在风投之前

在业内以“连长”出名的王江和他的“兄弟连”（李黎军、邓永强等）算是中国最早做App应用的一批人。“2006年年底，苹果iPhone马上就要出来了，我们看得非常清楚。我对苹果iTouch很熟悉，也知道乔布斯的路数，iPhone是一款真正基于移动互联网的产品。”在这个判断之下，邓永强和王江等几个清华大学的校友，一起联手在移动互联网上淘金。

2007年，他们开发的第一款产品叫“搜吃搜玩”，这款手机软件以“搜”为核心，有非常实用的餐馆介绍和招牌菜推荐，还能直接查看精准地图，随意放大缩小，确定餐馆的详细位置；更方便的是，按一下电话图标，就能拨通餐馆的电话马上订位、咨询。

靠着实用，“搜吃搜玩”迅速积累了几百万的塞班系统用户，“大多数是诺基亚的智能手机，当时还没有iPhone，2007年下半年iPhone才面市，2009年才入华。”王江回忆。而那时候的“大众点评”还在PC互联网上，没有关注到移动互联网方面。

2009年10月末，iPhone手机通过中国联通正式进入中国内地市场，“搜吃搜玩”也在苹果App Store上架。在随后的iPhone电视广告中，“搜吃搜玩”作为唯一一款生活搜索软件被展示推荐。

王江对作者总结，“搜吃搜玩”没有最终做起来其实是一个时机问题，我们做得太早了，起码领先了业界两年，早的后果是，在那两年之内没能迎到市场大的发展，团队消耗过大。

同时，2008年正处于金融风暴的顶峰，而在大洋彼岸也并未出现诸如Foursquare、Path、DrawSomething等十亿美金级产品，正因为此

VC对于移动互联网的态度也较为暧昧。

如果“搜吃搜玩”能坚持直到今天，难保不会上演移动互联网逆袭“大众点评”的故事。但遗憾的是，缺乏商业模式和风投输血的“搜吃搜玩”在2009年之后慢慢被放弃。

等到2009年的时候，王江的团队已经改变了重心，把主要精力都放在新的产品“航班管家”之上了。“你决定做什么的时候，首先得决定不做什么。”

在获得了几次融资后，按王江的说法，这一切都是因为时机——“目前来看，比较活跃的移动互联网公司，都是2009年开始的”。能解决需求的好产品，再赶上了市场的爆发期，想不红都难。

作者点评

Timing，许多人说这是商业的第一要义，这个舶来词往往被直译为“时间点”，事实上“时机掌握”才是它的真实含义。而这种时机的掌握通常是多维度的，除了时间这一表象外，“政策”“用户习惯”“商业模式”甚至“风投喜好”都是这错综复杂的“时机”的组成部分。

盛大选择了不买“时机”的账，结果也很自然，“时机”更不会买盛大的账。“搜吃搜玩”在没有商业模式的前提下冲在了“风投的喜好”之前，自也成了无源之水、无本之木。

如今，乐视和小米继承了盛大的遗志，做起了互联网的新一代弄潮儿，这说明，有些故事，其实是可以重来的。

文/王采臣

4.舍得网的模式困局

试错人：马健
项目名称：舍得网
主营业务：易物网站
试错时间：2008年1月
—2013年1月

舍得网，生于2008年1月，卒于2013年1月31日。

这个平台曾经是中国最大的以物易物网站，由互联网著名人士王雷雷投资，数次上过央视，被一流的商业杂志频繁报道。

舍得网的极致实践，证明了独立易物网站在中国的穷途末路，至今尚无成功案例。

创业初始

互联网向来不乏新鲜想法。大约在2006年，一个神奇的故事传入中国。加拿大青年凯尔·麦克唐纳借助互联网，从一个特大号红色曲别针开始，通过和其他人进行的16次交换，最终换到了一套双层别墅一年的使用权。

这个故事被概括为“别针换别墅”，在中国的广为传播导致了其后的易物网站创业潮。据当时的媒体报道，在2006年5月到2006年末约半年时间内，中国陆续有68家易物网站建立——结果可想而知，和很多蜂拥而上的创业项目一样，一年后，这些网站纷纷倒闭。

没有说法表明舍得网的创始人马健是受了“别针换别墅”的影响而创办舍得网，但这一波物物交换网站倒闭的情形，马健清楚地看到了。

“传统的易物网站存在效率低、成功率低、用户层次低的问题。”马健曾这样分析易物网站的“先烈”们。

马健，舍得网创始人，70后，北京师范大学系统理论学士，中国人民大学工商管理学院EMBA。创业舍得网之前，曾任百合网副总裁、万向通讯CTO、中国普天信息产业集团公司中研院副总裁。

漂亮的职业经历，说明马健创办舍得网并非心血来潮的冲动创业，相反，马健是经过缜密思考的：“创办舍得网没有故事，也不是灵光一闪，它是一个系统化的发现与评估过程的结果。”

马健“系统化发现”的基点是：“任何人都有闲置物品”，“中国已经进入了过剩经济，许多人看到了新的电脑还想买，但家里旧的还没有处理掉”，而国内缺乏可以清理旧物的渠道。于是，2007年，“闲置物品最佳处理之道”的舍得网成为马健的创业项目。

一个花絮是，准备创业的时候，马健和合伙人有两个选择：一个是舍得网，另一个是做宠物社区的宠爱网，但马健最终选择了舍得网（往事还能假设么）。

经过准备，2008年1月，舍得网上线。可以说，舍得网更像是易物网站发展的2.0版本，它是在1.0试错的基础上创业，思考更为成熟理智。为解决易物网站“先烈”交换效率低、成功率低等问题，马健推出一种叫作“舍得券”的虚拟货币。

马健紧扣中国传统的“舍得”文化，有舍有得，先舍而后得。在舍得网，“舍友”们只要把自己不用的闲置物品“赠送”给别人，就可以获得一张级别不同的“舍得券”。“舍得券”分为铜券、银券、金券、铂金券和钻石券，对应的定价也是模糊定价，比如，每件价值20到100元的商品可以换得一张铜券，其余各券的价值依次为100到500元、500到2000元、2000到10000元，以及10000元以上。

“舍得券”作为一般等价物，解决了旧物交换需求不对称、交换效率不高的问题。“舍友”可以先将手中闲置的物品赠出，换取成“舍得券”在网站里存着，等有中意的物品再进行交换，因此“舍得券”加快了交易的流通量。据介绍，在舍得网出现之前，国内物物交换网站上，二手商品交易的成功率不足10%，而舍得网的交易成功率长期稳定在90%以上。

在初创阶段，做SP（Service Provider，业务提供商）业务出身的马健为舍得网设计的盈利方式是各种各样的增值服务和广告业务，比如预订服务、站内消息群发、现金交易（拍卖）提成、抵押借贷、升级券收费。

抵押借贷，比如20元抵押借贷一张铜券，100元抵押借贷一张银券，每天利息都是1元，而任何时候只要有了舍得券，还可以把押金都赎回。

升级券收费，比如5张铜券兑换1张银券，收取5元手续费；5张白金券兑换1张钻石券，收取625元手续费。

舍得网的有趣交换方法很快吸引了一大批拥趸。到2008年年底，舍得网已经发展了90万用户，累计达成的物品交易超过15万笔，当年10月份、11月份的营收分别是3万元、5万元。

但问题也不断出现。

问题调整

首先是通货膨胀。在舍得网的虚拟王国里，“舍得券”就是一种货币，和现实世界没什么两样，当货币发行过多时，通货膨胀就产生了。舍得网初期为了吸引用户注册，以注册即赠送“舍得券”的方式送出了大量的“舍得券”，加之其他通过做任务获得积分换取“舍得券”等方式，用户手中的“舍得券”越来越多，但可供交换的物品数量却远远跟不上，“舍得券”越来越不值钱——舍得网的“通货膨胀”产生了，这极大地损害了用户的积极性。

马健的解决之道是通过加大获得“舍得券”的难度来减少“舍得券”供应量，甚至还专门找了金融学教授来设计了模型，期望未来根据商品和交易的数量来调节“舍得券”的数量。

第二个问题是老用户流失。马健发现，尽管每天都有很多用户注册，但老用户却留不住，特别是高端用户不断流失。通过大量访谈，马健了解到很多用户只喜欢全新的东西，在舍出物品累积了大量的“舍得券”之后，一直找不到自己想要兑换的东西，于是处理闲置物品的动力越来越弱，直至离开舍得网。

解决方法是增加超值换购栏目——由舍得网出资购买一些全新的商品放在舍得网上，“舍友”只需用一定量的“舍得券”加上一定量的现金，就可以超值换购全新的商品。

然而很快第三个问题又出现。“超值”这部分的成本谁来承担？舍得网发现，他们的购买渠道总是没有淘宝便宜，不具有价格优势。此外，“通货膨胀”是一个系统问题，不是一调整就见效的。诸如上述的问题最终混合在一起，使得舍得网越来越复杂了。这种复杂常常让用户感到困扰。

一位叫张琳的用户，在舍得网上看到一款超值换购："现实价格5000多块钱的单反佳能相机，只要用一张舍得网铂金券，再加上2999元现金，就可以换购。在张琳经过几天疯狂的舍出旧物积攒到一张铂金券后，这批2999元的单反相机已经卖完，而新到货的另一款功能相当的佳能相机，标价则变成了4599元加一张铂金券，比原来贵了1600元！"

这些复杂问题最终导致了"舍得网"的大调整。经过3次改版，2009年10月，通过和京东、当当、卓越等购物网站合作，舍得网的服务模式由"购物后一站"转型为"购物前一站"，即从帮助用户处理闲置物品转型成为用户省钱的导购。

当然，这种描述可能太过于简单，按马健本人的描述，转型后的舍得网应该是："我们要搭建一个帮助用户获取所需物品的门户，用户无论需要什么东西，都可以先到舍得网，先看有没有可以凭券免费换取的，再看有没有可以凭券低价换购的，如果都没有，再通过商品垂直搜索，在最短的时间内找到在哪里能买到最便宜的。通过这种模式逐步养成'先舍得，后淘宝'的生活习惯。"

舍得网的盈利模式也相应地由"向用户要钱"转为"向合作的购物网站收取订单返利（CPS营销）"。据马健透露，根据商品类别不同，返利低至3‰，高到50%，平均在10%左右。

马健在2009年对舍得网是这样计算的：舍得网有200多万用户，其中活跃用户超过30%（每个月至少登录一次）。调查显示，这些活跃用户中近60%每周至少进行一次网络购物（其中每天购物的有8%以上），按每次购物150元计算，这群人每周网上购物的金额在5000万元（200万×30%×60%×150元）以上，一个月超过2个亿人民币！如果这些购买行为都通过舍得网的平台导出，以保守的5%返利计算，一个月仅凭这一项舍得网就能收入1000万元。“当我们明年做到1000万用户的时候呢？”

败象

2009年下半年，舍得网在不断调整的同时，也在加紧进行第三轮的融资。

舍得网在2008年4月和2009年4月已经先后获得了天使投资人王雷雷的400万元和海纳亚洲创投基金（SIG）的400万美元投资。

按马健的计划，舍得网会在2010年第一季度完成千万美元级别的第三轮融资，这笔钱将用于建立实体店和校园推广。

但直到2010年四五月时，舍得网仍未能等来新的融资，反而开始了裁员行动。据舍得网员工回忆，CEO马健也是在这个时间离开了舍得网，可能投资人还不甘心，又任命了新的CEO陈鹏。此后，舍得网再无媒体报道传出。

2012年10月，有网友称舍得网已经打不开。舍得网发布维护声明，称将尽快恢复。

2013年1月，舍得网发布关闭公告称，由于公司目前面临着种种困难，舍得网将于2013年1月31日停止运营。

文/王采臣

点 评

北京壹人壹本信息科技有限公司总裁/黑马营导师 蒋宇飞：

失败的时侯要清醒。

曾有数据表明，初创企业3年内存活率不足10%；美国风险投资协会对过去10年获得VC的3.7万家企业持续追踪，只有不到千分之一的公司以10亿美金的价值成功上市！即使是那些最终成功IPO的企业，过程遇到的挫折甚至上市后再遭遇退市亦不少见！这足以表明，创业成功永远是极小概率事件，而失败是一种常态。

面对暂时的挫折及失败，创始人一定要清醒，要看清楚这是战略或方向性的错误还是战术及执行上的错误，看看自己的产品到底有没有真正满足客户的某种需求或与同类产品比竞争力何在。我相信，哪怕现在只有极少的客户认同你的产品，公司走出困境也是迟早的事。

总而言之，面对挫败，既不能在死胡同里转圈圈，也不能被一堵矮墙碍住了眼！这是一个成功的创始人必须具备的某种能力。

5.洗车应用Cherry的南柯一梦

试错人：Travis Vander Zanden
项目名称：Cherry
主营业务：洗车App
试错时间：2011年11月
—2012年12月

Cherry是一个为私家车主提供一键自助洗车服务的创业公司，在开始就获得著名“PayPal帮”成员75万美元的种子投资，而在2012年4月又获得了450万美元风险投资。Cherry提供了结合移动端LBS（Location Based Service，基于位置的服务）十分具有创造性的洗车服务，车主可以把车停留在任何位置，只要通过手机在停车位置签到并发出一个洗车申请，Cherry就会马上派附近的洗车人员到指定地点为车主洗车。签到的方式可以通过网站或手机App，签到信息可以使用停车街道、车型、颜色或车牌号码。

但是这个美好的汽车后市场服务项目最终还是败北了，仅仅上线一年之后，2012年12月25日，Cherry宣布关闭服务，并且退还客户的预付款。Cherry总计525万美元的融资大部分都打了水漂，其创始人Travis Vander Zanden的回答也极其让人沮丧：“Cherry面临转型，我们绝对不会再做洗车服务了。”

人人都爱汽车后市场

汽车后市场是指汽车销售以后，围绕汽车使用过程中的各种服务。它涵盖了消费者买车后所需要的一切服务。汽车后服务市场是一个无比广阔的金山，国外整车制造与售后服务市场（汽车后市场）份额比例约为1：1.5——也就是说，消费者在汽车后市场的花费甚至比购买汽车还高出50%。

如此庞大的市场，使得众多掘金者涌入。上线于2011年11月，提供LBS洗车服务的美国创业项目Cherry，就是汽车后市场淘金者中非常著名的一个。

“美好”的洗车应用Cherry

Cherry的点子不可谓不精妙，它结合了移动端LBS十分具有创造性的洗车服务，车主可以把车停在任何位置，只要通过手机在停车位置签到并发出一个洗车申请，Cherry就会马上派附近的洗车人员到指定地点为车主洗车。用户可以通过网站或手机App签到，签到信息可以使用停车街道、车型、颜色或车牌号码。

利用移动端LBS的优势让车主可以在任何情况下随时洗车，Cherry的初期发展也不可谓不好，从上线起业务量就迅猛增长，几乎每个月洗车数都要增长一倍。它甚至快速将服务范围从旧金山扩张到硅谷的大部分地区。由于发展迅猛，Cherry当时还决定拓展新市场，将业务开展到圣迭戈地区。

但最终，Cherry还是败了，败于所有希望用“互联网改造传统行业”创业者的通病——迷信产品，不注重整合线下资源。这个毛病无论是在创新圣地硅谷，还是在中国的互联网创业领域，都让很多有“互联网改造传统行业”理想的创业者死亡。

O2O的关键是什么

知名免费社区生成软件Discuz!发明人戴志康曾反思，称微信O2O（Online To Offline）在初期无法实现商业化的根源在于：“第一，用户的使用习惯无法培养。其次，则是服务员太蠢。”由此可以看到，O2O服务的关键，并非在于“产品的能力”，而更多地是要依靠用户的理解，以及强大的线下资源整合能力来进行驱动。

由此可以让我们来看看Cherry都犯了哪些错误。

首先，过于迷信产品体验，不懂得控制成本。

Cherry太过看重线上产品，他们有精美的UI，有精准的定位系统，有成体系的信息化流程。但是，他们却根本不在乎如何整合线下资源。在线下服务中，他们根本不注重线下成本的控制，客户洗一次车，需要支付给Cherry30美金，是普通洗车价格的5倍——这几乎是史上最昂贵的洗车服务，Cherry团队却对此毫不在乎，一直到倒闭，他们的服务成本也没有降下来。

虽然很多用户因为尝鲜使用了Cherry洗车，但是高额的洗车服务费让他们觉得得不偿失，因此并不会持续使用Cherry提供的服务。Cherry团队花大量的精力优化他们的线上产品功能，却不愿意花些时间去控制他们的线下成本，以获得更多的供需曲线优势，留住更多用户，Cherry团队只懂得用纯互联网的方式去设计他们的商业模式，对线下资源整合极其漠视。

其次，线下服务流程糟糕。

与完美的线上流程形成鲜明对比的是Cherry糟糕无比的线下流程。用户在Cherry上下订单非常方便，Cherry还提供打分系统，并在洗车后及时发送反馈信息。

但是洗车服务却不怎么流畅了，在设计线下洗车服务时，Cherry出了很多问题，让线下洗车没有形成良好的用户体验。例如，Cherry的洗车服务是无法清洗汽车内部的，除非车主愿意在洗车人员来之前打开车门。花30美元就让别人来帮你擦擦车玻璃和车身表面，这是人类完全无法接受的，反观Cherry的团队似乎从未反思过这一点，并没有想办法优化线下服务的流程，而是想着怎么规模化扩张，怎么使产品用起来更酷……简直就是一群中了互联网毒害的书呆子。

最后，对服务没有更深层次的思考。

Cherry来了，你是洗车呢，还是洗车呢，还是洗车呢？用户给予了Cherry到达汽车身旁的机会，Cherry却只提供了30美元的“昂贵的服务”，这就如同学妹让学长来修电脑，修好之后就没有然后了。基于汽车的服务过程中，事实上完全可以发现用户更深层次的需求，譬如玻璃水是否需要填满，胎压是否需要检测充气，甚至是机油的保养等等。在提供了一揽子服务后，不仅可以让洗车的成本降低，同时可以使用户更具黏性，但遗憾的是Cherry并未如是为之。

Cherry的警示

用互联网改造传统行业？这是一个永恒的命题。

Cherry虽然是一个O2O项目，但是他们从生到死都没有真正关注过自己的线下（Offline），Cherry对线下资源整合的极度漠视，死亡也成了一种必然，Cherry的这种对线下的漠视，虽然这看起来不可理喻，但是，这确实是很多号称“用互联网改造传统行业”的创业团队正在不断重复的悲剧。而如果不跨过这道坎，那些“用互联网改造传统行业”的理想，最终也只是创业者的南柯一梦罢了。

文/韦龑

点 评

资深创业研究学者/黑马顾问 龙真：

用互联网改造传统行业是个大命题，包含多个层面，可以演变出各种各样的模式。Cherry展露出的仅仅是利用互联网工具从用户获取层面对传统产业的改进。

依然要回归到用户需求。Cherry非常强大地从现有的汽车用户里分流出来一个足够大的子用户群。这群人的特点是：第一，拥有智能手机，并习惯于移动互联网应用；第二，有非常强烈的尝试新产品、新体验的意识；第三，没有大把的时间，但有较强的付费能力，愿意用金钱来买时间，找到了这群人是Cherry这个模式的核心亮点。从需求上来说，其实他们的需求非常简单，把浪费他们大把时间的关于“车”的事交给你来做。所以，Cherry的商业模式非常明晰，这也是它为什么会受到资本市场追捧的核心原因：用户花钱买关于“车”的方便，这是一个多么大的市场！

根据用户和需求回归到产品和运营上来，Cherry只是一个披着移动互联网皮的提供汽车后服务的公司。

特别值得一提的是移动应用是用户界面，是工具，是手段，不是公司的产品。它的核心还是汽车服务的产品线和服务水平，服务水平是基本要求。

综合考虑客户需求和投入产出比而开设产品线是重点中的重点。但Cherry似乎对于自己商业模式中的最核心的部分置若罔闻，反而对作为客户获取的手段津津乐道，这不就是现代版的活生生的“买椟还珠”吗？

第4章 扩张的后患

当一个创业公司进入到可规模成长的阶段，创始人难免激动，按捺不住“踩到西瓜皮”的冲动，这种成功在望的兴奋感，往往会让创始人犯好大喜功的毛病，盲目堆人，堆钱，开疆拓土，却忽略了团队、体系和管理等基础性工作，某个时点，各种定时炸弹引爆，让创始人粉身碎骨，从云端跌落到深渊。

1.精锐教育的“北伐战争”

试错人：张熙
项目名称：精锐教育
主营业务：中小学教育
试错时间：2010年11月——至今

互联网创业除了“唯快不破”，还要有强大的后盾以及巨量资金的支持，而在教育培训行业里，要想出人头地，除了上述因素，你还得在一片红海中锻造出核心竞争力并掌握一套运作策略，俗称“练内功”。但这还不是全部，即便是有备而来的“高富帅”，错过圈地时机，面临复杂的市场环境，也会乱了阵脚。

在上海披荆斩棘的精锐教育就陷入了这种窘境：它在上海和广州接连“攻城拔寨”，但转战北京却“水土不服”。它的叱咤快销品多年的创始人，究竟能否在教育行业实现“星巴克”之梦？

选定根据地

精锐教育与美股上市公司学大教育相似，做的是中小学生个性化教育，即1对1辅导。这家公司成立于2008年，在上海起家，主打高端市场。短短两年内，精锐即成为华东地区“1对1”领先品牌。2010年末，精锐携1.6亿元重金进军北京市场（通常培训机构扩张一个新城市花费约四五千万元）。

初来几个月内，精锐高端、大气、上档次的硬件设施和服务体验令同行咋舌。可好景不长，随之而来的是人员震动和校区扩张放缓、学员流失。“有好几个月，它在全北京的收入维持在一两百万元。”一位同行提起精锐，特别谈及它所遭遇的困境。

“我现阶段跑北京最多，其他市场都比较稳定了，这里还得亲自盯。”在海淀黄庄东边的皇冠假日酒店自助餐厅里，精锐教育创始人张熙向作者谈及了令他痛心的北京市场，“北京是我长期市场布局的节点，这跟上不上市没关系”。

2011年之前，圈内只知道精锐在上海发展迅猛，背后资金雄厚。大半年后，张熙这个名字才逐步进入公众视野。这位1991年福建省高考状元、北大法学专业高材生、哈佛商学院MBA毫不避讳外界称他“高富帅”，“我跟草根创业不一样，最起码比俞老师（新东方创始人俞敏洪）强，他高考考了三次，我一次就考上了，一去美国就去了哈佛。”

在创立精锐之前，张熙曾任全球最大的私人教育集团——EF英孚教育中国区总经理。此前，他曾在多家全球500强企业担任高管。他的得意之作是曾力挽狂澜，将垂死的益达口香糖带出险境，年销售额从4000多万元增至4亿元。

张熙之所以选择教育行业创业，除了现金流好，毛利率高，更在于他想打造一个高端教育品牌，通过借鉴星巴克的连锁模式，在引入教育创新因素的同时，打造标准可控的培训流程。他号称自己是有备而来，“不像其他同行可能是误打误撞的，我经历过消费品行业的腥风血雨，这是优势。”

张熙的“战略天赋”在其为精锐选择“根据地”时得以体现。在中小学课外辅导领域，要做全国品牌必须做北京市场，但与此相应的是，北京市场竞争激烈，大教育机构总部云集于此。张熙对此心知肚明，“你小荷才露尖尖角，人家就把你踩死了。”但如果首战选定上海，竞争对手的管控体系就会弱很多，由于层层反馈的汇报流程，对市场的反应速度也会慢很多。即便信息有效传达至一把手，其观点也会和分公司负责人存在分歧。

张熙庆幸自己当年的选择：“俞敏洪、张邦鑫一年能来上海几次？所以这些人不会意识到我们当年可能会给他们带来的威胁。”

南征与北伐

去英孚的第一年，张熙就带领该品牌业务量翻倍。用他自己的话讲，他会寻找差异化：“教育行业里，大家上来先想怎样去抄袭，还要抄得更好，这怎么可能做得更好？”因此，精锐在硬件投入和标准化管理方面投入了大量资源，甚至公司成立第一天就启动了ERP系统。

在营销方面，精锐一上来便高举高打——当头四所学校开张后，张熙就找到上海《新闻晨报》，宣称要做教育版最大广告主，第二天就签了一年的合同。2009年，精锐又一举买下上海200多辆公交车广告。

这些举措见到了成效。2008年成立当年，精锐就在上海站稳了脚跟。随后，精锐选择南下“攻克”广州。在张熙的战略里，扩张是有规划的：“上海就是‘陕北’，广州也不是‘敌人’的重镇，容易打；向别人证明你可以向全国进军的时候，一定要打下一个好打的地方，再攒足资源去打北京。”与之相对应，精锐的融资节奏也掌控得很好。据张熙介绍，上海首战告捷时，精锐拿到了A轮投资；2010年广州市场初显成效后，伴随而来的便是B轮融资。

2010年末，踌躇满志的张熙终于开始进军他心中的目标——北京。然而，北京市场的混战也达到了白热化的程度。当时恰逢学大、学而思上市，大家都很疯狂，急着跑马圈地，龙文教育在当年开到1000多家分校，连叫不上名字的小机构都能开到100家分校。

张熙也急了眼，“其他人增长那么快，我们为什么不能？我们有钱！别人占住地盘后，我们没有好的地方，也没有知名度，怎么办？”这时的精锐像得了传染病一样，也大肆扩张。当时，精锐每个月都要开5家分校，并且是同时在几个城市推进。

据北京链家地产一位前员工介绍，当年精锐是店里的大客户。张熙当时的决策出发点在于：“2011年我融了好几个亿，要不然也不可能这么干，投资人也说我可以快一点。”

但是，在“攻打”北京时，张熙遭遇了前所未有的战略困惑。精锐一直坚持走高端、做差异化的路线，但在北京走了样儿。张熙坦承，“进去以后，由于对当地情况不了解，很快就被人牵着鼻子走了，最终陷入了别人擅长打的战争，这就很难打了。”

张熙所讲的战争便是价格战。如此一来，精锐逐渐偏离高端定位，原本能提供的额外服务就会受限，变成和竞争对手一模一样。对顾客而言，精锐俨然成了抄袭版的某某，“我还没听说过精锐，为什么要选择它？”一位家长说。

在市场白热化竞争下，高端定位和高昂价格也让精锐的咨询师非常难做。

在“1对1”行业里，咨询师是商业模式中的关键节点。教育培训业的特殊性在于，教师的流动门槛很低，一个教师刚被培养出来，就可能马上自己去创业了。而早年中介式的教育机构只收中介费用，几乎没有可能做大，因为优秀的老师小有名气，且具有招生能力后就会流失，而学员找不到优秀教师后，就再也不到这个平台来了。于是，为了提供质量过关的教师，并且找到相匹配的学生，教育机构开始对教师进行审核，甚至开始培训老师，久而久之就发展成了学大“1对1”模式的雏形。

这样的教育机构若要持续发展，就要建立一种模式降低教师的重要性，而由咨询师进行咨询、销售、教师匹配，最后再由教师授课可以解决这个问题。最终，这个链条的核心是咨询师，学生如果对教师不满，咨询师可以立刻调换教师。在学生家长眼中，咨询师甚至成为比教师更重要的角色。

不战胜就战死

2011年，精锐在全国开了50家分校，损失高达1个亿。高额房租降不下来，只有从员工工资入手了。

2012年初，为了降低成本，精锐对咨询师进行绩效调整，导致大量优秀老师、咨询顾问流失。海淀黄庄校区作为精锐的北京重点校区，也遭受了很大影响，学员从300多人下降到200多人。该校区负责人说：“对于当时的绩效改革，高层领导意思是，校区业绩靠团队，不是靠Top咨询师，虽然也照章执行了，但是影响很大，因为大家出来都是赚钱的，赚不到钱就会去其他机构。”对校长而言，只有重新带新人。但咨询顾问很难培养，既要了解家长的需求，还要具备一定的学科知识和销售技巧，有些人学不会也就走了。

课辅行业，做北京市场就必须做海淀，做海淀就必须做黄庄。如今，作为精锐北京旗舰店的海淀黄庄分校正处于大震荡过后的缓和期，总部给到的月销售目标是100万元，北京其他四家分校也是同样的业绩目标。除了老学员续费，每月新增30个学员就可以完成任务。但是，通过兼职发送礼品的“地推”拉来的客流并不能提高签约率。“如何提高上门顾客质量，得想想办法。”该校区负责人感叹道。

“战略”和“战术”是张熙常常挂在嘴边的两个词。对于北京的失利，他认为，战略层面轻视了，因为之前打了胜仗，随随便便就进来了。但现实问题是，北京有全国最多的教育机构，场地不好找，人不好招，环境复杂，人心复杂。精锐北京分公司已经换了三任高管，每任风格都不一样，内耗非常大。而这个是战术问题。

“坚持做好自己，停止内耗；以往为了省钱找了很多平庸的人，现在不能急功近利、急于求成了。”经历过残酷的北京之战后，张熙看清了问题。他依旧坚持做高端和差异化。而这个过程的关键节点是找到好的分校校长，既能深刻理解精锐的差异化，还要经得住来自竞争对手的诱惑。

从表面看，张熙似乎是搞懂了“1对1”模式的本质——解决师生匹配度问题，并围绕这个本质，力求做到硬件和服务体系的标准化。但是，张熙忽略了人的主观能动性，因此在战略落地上遭遇了困境。

“1对1”模式的本质是需要大量人员挖掘并服务学生，如果单凭体系之力恐怕难以为继。更有意思的是，与绝大多数行业不同，中小学课外辅导的消费者不是一个主体，而是分成作为购买者的家长以及作为使用者的学生，此外，这个行业还被社会大众广为关注。面对三个立场不尽相同的群体，没有经过深思熟虑的从业者往往会陷入痛苦的纠结中：提供的教学产品讨好了学生却讨好不了家长，让家长满意了却不能让社会大众满意，被社会大众认可了却又不被学生认可。

如果不能对自己的产品精准定位，就算有了比新东方更出色的课堂体验、比学而思更完善的课程标准、比学大更到位的个性化服务，也未必能赢得市场。简单的高端和差异化，并不能成为精锐具有核心竞争力的定位。

截至目前，精锐已经完成晨兴资本、成为资本以及贝恩资本参与的四轮融资，金额接近7000万美元。张熙对外宣称，2012年营收达到10亿元，并且要力争上市。但经历了北京之战的重挫后，他坦言，精锐现在的业务增长还不在百分之百的可控范围内。

现在，张熙的大部分精力用于研究对手财报，看学员增量、退费率、营业利润增长、员工数以及同校增长数，并随时做战略调整。他最后得出结论：精锐真正的瓶颈在于管理人才匮乏，“如果能复制出10个我来，那今天我们至少能做到50亿！”

毫无疑问，壮志未酬的精锐还要继续布局，毕竟在这个领域，跑马圈地以获取规模效应是资本市场最认同的发展模式。

在别人都结束圈地苦练内功时，精锐还在北京打最艰难的一仗。张熙笑言：“做生意就像打仗，只有两个可能，要么战胜，要么战死；我比别人更熬得住，只要你舍得花钱，不难。”

文/田茗

点 评

学大教育创始人/黑马营导师 金鑫：

精锐的失败总体上来看是决策的失误，高估了自己的实力，低估了竞争的难度，对“自我的认知”的解读与“真实的市场”的判断之间出现了错位，就会让企业重大的决策出问题。

总体来说精锐扩张失败的原因归结为如下四点。

1.没有认真了解市场，低估了竞争难度。

精锐在进入北京的初期，相信也是做过很多基础性调研，但是依然低估了北京市场的难度，就贸然进军北京，已然选择了错误的战略。选择“高举高打”的战术更是错上加错，北京市场是高壁垒、高竞争的市场，有众多巨头存在，消费者也见多识广，并非“一蹴而就”的营销策略就能被打动。“高举高打”的方式在短期内无法撬动市场。

2.发现失误还不悬崖勒马，市场就会给你惩罚。

事实证明“高举高打”方式没有奏效，但是精锐并未及时悬崖勒马，导致陷入恶性循环。从没有投入没有产出，到一般的投入，还是没有产出，最终到高投入还是没产出，陷入了无限投入的黑洞，让精锐最后无力回天，接受了市场的惩罚。

3.攘外未先安内，危机之时必遭重创。

就在精锐短时期扩大规模之时，企业管理、团队配置等各方面都未跟上，团队主力成员也没有磨合好，导致内部出现了很多问题。而在危机之时，一旦市场收缩，对企业、人员信心伤害都会很大，最后只会导致团队全面崩溃，不仅是北伐失败，而且是全国扩张失败。

4.照搬“星巴克模式”，教育行业“水土不服”。

除了上面三点，精锐失败最值得思考的一点，还在于其照搬了快消行业的“星巴克模式”，事实证明这种“照葫芦画瓢”的做法在教育行业是行不通的。

“星巴克模式”不是用人的服务黏住客户，主要是靠文化、产品、渠道三大因素。但在教育行业，家长主要是看师资、服务、教学方式、对考试的理解等。教育行业首先不能靠虚的东西打动用户们刚性的需求；其次，精锐产品没有明显的差异性；最后，渠道上精锐还做不到触手可及。最后精锐只能吞下“水土不服”的苦果。

原乐百氏创始人、今日投资董事长/黑马营导师 何伯权：

我和张熙认识十多年了，是很好的朋友。他很有创业者的特质：激情、创造力和行动力，加上良好的教育背景及为今后创业而有目的地在跨国公司的历练，大大增加了他创业成功的几率。事实上，一出道，精锐教育很快就给人们带来了惊喜，如果不是北京市场受挫，说不定已经上市了。

创业过程有几个重要的关口要过，其中之一就是在自己的创业根据地成功之后扩张路径的选择。我的建议比较保守，除非你是全新模式的开拓者，或握有颠覆行业规则的杀手锏，否则，千万别在市场领导者的堡垒市场发动强攻，如果这个行业比较成熟的话，就更要小心。不少前期成功的创业者，在激情、勇气、梦想和急于求胜的心魔作用下，很容易想毕其功于一役，集中优势兵力进攻市场领导者的大本营，这非常危险。市场本来就易守难攻，领导者的堡垒市场往往又集结了最强的力量。要撬动这样的市场要耗费巨量的人力、财力，就算一时有些进展，也会因为对方的反击，陷入长期的拉锯状态，消耗大量的成本、精力和斗志，也影响了其他市场的开发和投入。而且过早将自己的优缺点暴露在强者的眼皮底下，或过早被行业领导者锁定为主要竞争者，对创业公司均构成巨大的压力，甚至会直接威胁到既有市场的生存。

假设精锐在三年前不对学大、学而思的大本营北京市场作战略上的重点攻坚，只是象征性地布几个点，而将精力集中于其他市场，保证每开一个市场都组织比对手更强的资源，各个击破，相信凭借精锐所拥有的市场经验、雄厚资本和华东大捷的士气，一定能更快取得业绩，拿下更多的市场。应待综合实力强于对手时，再对北京作考虑。

我不太了解“1对1”市场现状，很难建议精锐现在应对北京市场是弃是守，这个可能徐小平老师更有发言权。但如有必要，有时候还是要拿出壮士断臂的勇气的。

我相信张熙有能力从挫折中学习，并将精锐带向成功。

2.要命的规模成长陷阱

试错人：戴坤
项目名称：会易佳
主营业务：会展
试错时间：2007年—至今

当一个创业公司拿到融资，不管是天使轮还是其他轮次，就意味着它有了“奔跑”的资本。此时，大部分创始人都会狂喜，以为公司规模成长的机会来了。于是，开新的分公司，加人冲业绩规模，甚至不惜亏损个三五年，结果到头来发现，那只是规模成长的幻影。规模成长的模式并不成立，资金链的断裂则会成为致命一击。

本文的主角戴坤就被规模化成长的幻影欺骗过，他所掌舵的会易佳2012年遭遇了资金链危机，一度发不出工资，员工人数也从60余人裁减至12人。“刚好在我小孩出生的前后，公司面临着动荡不安，有大量的逼债者和讨债者来找我，生活不稳定，也给家人带来痛苦。”戴坤说。

“还好现在这些已经过去了。”刚从小败局中解脱的戴坤又向创业的“刀山”行去。正如天使投资人雷军所言，只有死过三次的公司，才算真正成功，烧不死的鸟是凤凰。

以下为会易佳创始人戴坤对作者的口述。

会展业的携程

我是2003年大学毕业的，工作了一年后尝试创业，开一个小饭馆。2005年失败后我就来到了广州，在2007年创立了会易佳，现在差不多六年了。

我们的业务全部以线下预订为主，实际上就是中间行业，类似携程，它订的是房，我订的是会场，都是赚差价。只不过携程更标准化一些，我们对人的依赖更大一些，而且不可控制因素蛮多。

一路向前冲

经过2007年和2008年的发展，（我）在会务这个行业也有了一定基础了。2008年，我们拿到了一笔几十万元的投资，2010年我们又拿了两百多万元的天使投资。我就想把规模做得更大，把量冲上去。之所以想把量冲上去，是因为我们公司的模式一头是酒店，一头是企业客户。这种模式不需要太长的周期，而且它的频率会比较密。

而公司账上一直都是很紧张的，当时可能是因为年轻，只想到好的，没想到坏的，想着冲上去就行了，然后拼命鼓劲，业务量不够，就加人。

差不多是2011年年底，公司的泡沫达到了最大，员工人数一度达到了60多人，并计划在北京和上海设立办公室。为什么说是泡沫呢？公司看起来人很多，场面大，营业额一年也能做到一千八百多万，毛利润大概是15%～20%，但最终是不赚钱的，一直在亏损。

失败和转型

2011年年初，我想办一个所谓的经济型连锁会场，随后就租了一个1100平方米的办公场地，而这就是我失败的开始。

最苦的时候是2012年8月，因为之前发展太快了，很多供应商的款付不出，员工工资也发不出，随后一系列的问题出来了。我就像被打入了水底，一棍子打进去之后，再也出不来了，然后就只有彻底转型了。

那时候，我每天都面对钱的压力，可能这个月账上的钱又少了，又付不出去款了，或者是每天被供应商追着跑。有时候员工的奖金该发的发不出，公司面临很尴尬的状态。所以说，不赚钱，是一个创业者的最大耻辱。先赚钱，活得好，再谈发展，这才是最重要的。

当时也通过同学去找一些渠道来融资，但我最后意识到，锦上添花的人很多，雪中送炭的人基本上没有。公司每个月都要现金周转，一旦你遇到了“资金”断顿，付不出钱，就会面临各种危机。

2012年8月，公司完全转不动了。原来公司还有些业务，随着公司发展的前景变坏，人心也变了，团队也散了，整个公司面临崩盘。因为走一个人，就会带走一些客户，人心惶惶的，大家都在想，公司明天是不是就关门了。假如人不走的话，我们业务还是能正常周转的，并且有可能熬过那个困难期，不会像现在压缩这么大的规模。

从2012年8月份开始，公司决定彻底转型，把绝大部分员工都解散掉了，只保留了软件开发和大客户两个部门，留下不到12人。

转型的第一步就是考虑把做大的方向再做强，我们一直都做B2B领域的会务，现在几十人的小型会议基本不会去拓展，有我们就做一下，没有也不强求，主要维系一下原来的老客户，重点关注一百人以上的会议。大客户来，就有现金流和利润，就变成一个赚钱的公司，一个月净利润大概几万块钱，基本上能够保证公司正常的运转。现在我们也在做B2C的转型，新的产品很快就会出来。

关于失败的反思

B2B的生意不是不好做，而是说你以什么方式做，我可能是以错误的方式在做。我一直想把公司的产品标准化，但是发现这个是不可能的事。尤其是做会务服务行业的，从预订到跟客户的沟通和交流，到谈单，再到最后的成交和维护客户关系，整个过程全部都是依靠社交和老板的个人能力。跟客户交易的整个环节，包括谈判、选场地及最后成交，也都是极个人化的过程。

客户不是因为你的产品去成交，而是因为你个人的谈判能力和专业度才去成交。比如说，我个人跑过广州80%的酒店，换任何一个人去做，这都没办法复制。又比如，我给酒店打一个电话，对方可能就会给我一个很低的价格，这首先是依靠品牌，第二是依靠你个人的声望和对行业的了解程度。这都很难复制。

我们的业务刚开始是正常拓展，然后慢慢地开始人员扩张和培训。但你不是随便招一个人进来之后，复制三个月，就能成为一个戴坤，有的复制了三年都成不了我。所以，这就面临着招进来的人不能按照你预想的来实现业务翻倍。而如果人不行了，你的非标准化的业务也就不行了，这就是B2B的生意。

而一旦有人复制成功的话，他为什么还要跟着你干呢？到现在为止，广州市面上有四五家和会易佳类似的公司的创始人都是从我这儿出去的。

我最初完全是冲着培养他们的目的去北京、上海开了分办公室，很放手让他们去成长的。他们的离开实际上也很容易理解，换个角度来说，公司垮了，肯定每个人都是有自己的小算盘，“夫妻本是同林鸟，大难临头各自飞”，何况员工？

这六年是一个痛苦的阶段，我所说的痛苦就是这种轨迹或这种生活总让你感到一种紧迫感，让你承受很多压力。刚好在我小孩出生的前后，公司面临着动荡不安，有大量的逼债者和讨债者来找我，生活不稳定，也给家人带来痛苦。

现在回头看，其实还是我自己的问题，没有做好成本控制是我得到的最大教训。最高峰的时候，公司每个月仅仅广州的办公场地租金就达到四五万，人员工资最高一个月发三十五万，最直接的结果就是每个月现金流都吃紧。所以说公司的垮台其实是我自己的原因，没把握好发展节奏，我给自己挖了一个很大的“坑”。

照妖镜和磨刀石

每个人有怎么样的状态不重要，重要的是你想象的是哪个状态，比如说每个人都想成为马云、史玉柱和柳传志那种巨头，希望去开创一片天空。这是属于我们这一代人的梦想，希望能够创立一番事业，并为此赌上自己所有的青春和所有的精力。而这个过程也很能激发你的荷尔蒙，到了那个状态，我估计每个人都是要死要活的。但其实一点不爽，你以为做马云很爽，其实一点都不爽。

我发现创业要成功，还真的是一靠运气，二靠经验，而运气占大多数，不要觉得马云成功了，他就怎么样，或者是其他人多厉害，包括我们日常见过的稍微有点成就的人，说实话，并不是他本人能力有多强。创业最重要的是运气，第二才是经验，创业有N个环节，每一个环节都可以搞死你。

我曾经讲过一句话，苦难是磨刀石，也是照妖镜，磨刀石是磨自己的，照妖镜是照旁人的。当你遇到困难的时候，你身边所有的人都会骗你。当你遇到困难的时候，你才会发现谁是真正的朋友，谁是真正的伙伴，谁只是“萍水相逢”的人。这就是一种过程，一种历练和成长，而经过困难之后，你会发现在自己身边最坚定的永远是你的父母和家人。

所以你会由此对人生有另外一种感觉，就是做点小生意，赚点小钱，其实也很好。如果能做到这点，就顺其自然，如果你要去强求的话，有时候会出问题。

欲速则不达！

采访/和阳

文/王根旺

点 评

黑马基金合伙人/黑马顾问 胡翔：

B2B业务的规模化扩张有一些重要的前提，包括产品尽可能标准化或体系化，团队的有效管理、复制与扩张，以及行之有效的运营体系的支撑，因此企业发展到一定阶段，创始人管理能力的提升就成了企业发展最大的瓶颈。由此，B2B业务也注定了没办法像B2C业务那样爆发式成长，管理与运营体系不到位，追求速度的结果就是企业的崩盘。所以，清楚认识自己业务的特点，扎实做好企业内部管理与运营体系建设，做好财务控制与现金流管理，是企业家必须要去攻克的成长瓶颈。

资深创业研究学者/黑马顾问 龙真：

会易佳做的是一个类携程的会议场地代理平台。它做的是典型的双边市场。一方面把酒店的会议场地都集中在自己手里；另一方面，让大量的企业客户通过自己的平台来预订会议场地做商业会议或商业活动。

从需求上来讲，酒店和企业客户确实都存在场地出租和求租场地的刚性需求，但作为中间平台，整合二者的难度迥然不同。酒店方场地空置对于它没有任何好处，所以弱势的酒店方愿意签约被整合。但如香格里拉酒店和嘉里中心这样强势的场地方，由于空置现象比较少，属于稀缺资源，所以被整合难度并不小，平台方利润空间也非常小。而真正的难题在于让大量的企业客户通过平台来预订场地。

正如创始人自己所言，企业客户的需求是否可以市场化、批量化、常态化，这是最大的挑战。而这又是关乎整个商业模式能否运转的核心。自始至终，会易佳都没有有效地证明这个逻辑。

不但没有向着证明商业模式可行的道路前行，公司创始人的战略不明晰还在扯公司前进的后腿。“经济型连锁会场”的决策就是商业模式尚未证明的时候的一个资源、精力和金钱消耗的典型。而公司所有的其他问题，也多多少少都和商业模式的未被验证却疯狂扩张造成的持久压力有关。

3. “加盟店”让我赔了数百万

试错人：余涛
项目名称：匿名
主营业务：化妆品
试错时间：1992年—2007年

余涛是一个典型的中国传统生意人，小本起家，靠最原始的买进卖出赚到了人生的第一桶金。在湖北一个小县城，他一度拥有数十家化妆品店面，身价百万元，也算是成功人士。很多生意人赚钱靠直觉，余涛也不例外。在数次面临商业选择时，他选择了依赖自己的直觉，而不是商业常识。结果也自然而然——经营失误让他受到重挫并亏损数百万元。余涛说，他犯下了几乎所有传统行业创业者可能犯的所有错误，希望他的故事能够让更多创业者能有所思考。以下为余涛自述。

起步时，做什么都能赚钱

我是1992年开始创业的。我是农村孩子，因为家里穷，早早读完高一就跟着亲戚出来做化妆品店，简单说就是站柜台。做了一两年，我发现挣不到太多钱，决定自己出来开一个化妆品店。

当时开一个化妆品店需要两三万元，我没有那么多的本金，就四处拼凑，先找亲戚借了点钱，找了几个柜台，又去赊销了一点货物，自己的化妆品店就在湖北的一个小县城里开张了。

那个时候，我没想过商业模式、管理、团队这些，但是因为在县城根本就没有这样的化妆品店，我很轻松地每年收入几十万元，积累了第一笔资金。

错误的决定

赚钱后，我很自然地想要去赚更多钱。2002年，我的生意有了突破，口碑做得很好，陆续开了三家店面。当时的心态就是想赚快钱，所以我决心放开加盟店，扩大公司的规模。

我那时的想法很简单：多开店就能多赚钱。模式也非常清晰，总店不收加盟费，但所有加盟店都必须用公司的门店招牌，货物都从公司进，依靠供货体系盈利。我真的觉得这个模式无懈可击。

放开加盟第一年，效果非常好，年销售额达到1000多万元。我的自我感觉愈发良好，开始花精力去做其他事情。我又开了一家宽带公司、一家电脑维修公司，都是和化妆品项目一起做的。它们让我分散了很大的精力。

虽然多年的化妆品经营让我积累了足够的行业经验，但是因为对加盟模式不熟悉，使得公司无法控制这些所谓的“加盟店”。慢慢地，我的化妆品公司不但没有赚钱，甚至连早年自己开单店所获得的数百万元现金都赔了进去。

在这个过程中，公司用很快的速度拓展加盟商，一下子就开了43家店，但是相应的配套没有做到位，在加盟店激增的同时，库存管理等

“软实力”的薄弱暴露了出来，以至于甚至不清楚公司需要备多少货物，导致了大量库存。这也是公司失败的核心点之一。

当时，我只知道快点赚钱往前冲，也忽视了做团队管理与建设。最后，我身边的管理者或者财务人员都是从店面提拔起来的，但他们却不能在经营思路上给我建议了。

2007年，我回过头再来看化妆品生意的时候，突然发现这个生意没法再做下去了——去加盟店察看，发现这些所谓的“加盟店”早就已经不再卖公司所供的产品，而且对我们的供货也不再信任。

这时，我失败了。

反思：能犯的错误都犯了

那段时间，有一两个月，我什么事情都没做，只是待在家里反思。突然间，我发觉自己居然把一个人创业过程中能犯的错误都犯了。

第一，商业模式或者说经营方向一开始就有问题。结果，加盟模式根本就走不通，如今后悔当初不如选择直营。

第二，低估了人性。我对大大小小几十家加盟店的老板过于信任，没想到他们的商业道德底线较低，偷偷地去卖其他货品。当竞争对手偷偷地用更低的价格去渗透的时候，他们就背离了公司的体系。

第三，步子迈得太快，导致管理混乱。我们当时用很快的速度做加盟，一下子开到了43家店，但是配套的东西没有做到位，根本就没有团队管理的概念，只知道快点赚钱往前冲，忽视了做团队管理与建设。

第四，业务注意力过于分散。在做化妆品生意的同时，还陆续做了很多其他项目，不只占用了资金，而且极大分散了公司创始人的精力。

第五，不太懂供应链和货物管理。当时下面的加盟店的需求我理解得不清楚，搞不清楚自己需要备多少货物，结果导致了我大量的库存。

第六，没有好的合伙人。这也许和当初没有合伙人这个概念有关，那个时候就知道自己要赚钱，不知道需要搭建团队，虽然我在20世纪90年代初就曾掏钱去读了MBA。

第七，也是我认为最重要的一点，觉得用户是“傻子”。举个例子，那时我带着促销队去做产品促销，假若有两个选择给客户推荐的话，一个是国际知名品牌，它的价格高、利润低，另一个不知名的品牌价格低，但利润会高很多。这时，团队就会向用户推荐不知名的品牌，根本就没有意识到用户体验。长久来看，店面无法形成客户回流。

现在想想都会笑，即便是“薄利多销”这个很多人都懂的道理，但在利润面前，实际上很少有人能坚持。

这么多反思之后，我领悟到，“信义”这两个字才是真正的创业和生意之本。

文/王静静

点 评

黑马基金合伙人/黑马顾问 胡翔：

很多企业的成立是从做生意开始的，也通过做生意赚到了钱，但要体会到做生意和做企业并不是一回事，则需要付出许多成长的代价。做企业需要解决商业模式、团队管理、业务体系、财务控制等一系列问题，善于学习和反思是创业者的一个重要素质，也由此，经历过这样的一些失败与反思后，创业者会经历很好的成长，逐渐完成从生意人向企业家的蜕变。赚钱容易，成长不易，且创且成长。

资深创业研究学者/黑马顾问 龙真：

创始人确实犯了很多错误，归根结底是缘于其粗放式创业的成功，因而忽略了在之后激烈竞争下向精益创业的转变。

精益创业和粗放式创业最大的区别就在于能否非常细致地思考精益画布（见下图）中的各个要素，并详细规划各个要素之间的运行逻辑是否通畅。先规划，而后胜。

<table>
<tr>
<td rowspan="2">问题
最需要解决的3个问题</td>
<td>解决方案
产品最重要的3个功能</td>
<td rowspan="2">独特卖点
用一句简明扼要但引人注目的话阐述为什么你的产品与众不同，值得购买</td>
<td>门槛优势
无法被对手轻易复制或者买去的竞争优势</td>
<td rowspan="2">客户群体分类
目标客户</td>
</tr>
<tr>
<td>关键指标
应该考核哪些东西</td>
<td>渠道
如何找到客户</td>
</tr>
<tr>
<td colspan="3">成本分析
争取客户所需花费
销售产品所需花费
网站架设费用
人力资源费用等</td>
<td colspan="2">收入分析
盈利模式
客户终身价值
收入
毛利</td>
</tr>
</table>

产品　　　　**市场**

精益画布是从商业模式画布（http://www.businessmodelgeneration.com）改编而来的，已取得知识共享署名份额许可证。

此外，创始人提及较多的一个问题是加盟商管理的问题。加盟商的信息流管理、资金流管理和物流管理都是非常核心的问题。需要站在加盟商的角度，并从自身的核心利益出发，通过各种巧妙的方式，比如建立统一的进销存系统和客户管理系统等，把所有的客户信息、库存信息和收入信息都详细列出，在让加盟商更直观和方便地了解的同时，公司总部也可以同步这些信息，并作出响应，同时也实现了对这些加盟商的控制。

同样地，加强加盟商的培训以及建立加盟商的考评体系，重奖和末位淘汰相结合，也都是强化加盟商控制的重要措施。

4.赚钱的快餐店之死

试错人：老贾
项目名称：匿名
主营业务：餐饮
试错时间：2009年5月
—2013年6月

老贾来自山东，没有显赫的家庭背景，独自在北京这个城市打拼创业，经历过失败，也经历过喜悦，如今他已经重回销售行业，做着一份自己喜欢的工作，他说他想要一边思考一边反思自己的创业经历，他说希望他的经历能让更多人少走一些弯路。在老贾的讲述之中，没有失落、伤感、挫折，有的只是一个坦然、自信，不断反思并走上新生的自己。以下为创业者老贾自述。

初创业：开餐厅赔光本金

我是2009年5月17日来到北京的。来之前在山东济南一家4S店做汽车销售，那是我的第一份工作，做得很不错，当时拿到了2008年的全年销售冠军，我也因此被提升为销售经理。

作为一个初出茅庐的大学生，带着几个哥们一起卖车。那是我第一次带团队，那一段在4S店的销售经历让我养成了在工作中的价值观和做事方式，不得不说第一份工作对人生太重要了。而我后来之所以选择放弃这份工作去北漂，完全是因为一次偶然的经历。

来北京的念头始于2007年的一次旅游。当时我站在长安街上看到西单、天安门、王府井人山人海，于是我就想，北京这么多人，要是开一家餐馆那得多火啊，那个时候就萌发了想要来北京创业的念头。

后来回去就把这个想法搁置了，一直老老实实地卖车，但是我是一个不安分的人，心里面总觉得缺点什么。我知道其实这是内心当中的那股冲动，农村孩子进城后想留在城市、想出人头地的那种感受。我不愿意在济南这样的城市卖一辈子的车。

我认真地给自己做了SWOT分析，最后觉得我还是有实力去北京这样的城市闯一闯的，于是就来到了北京。来北京以后，看见大都市的繁华，满地的豪车高楼，我的雄心壮志一下子就被点燃了。我暗暗下决心，我要留在这里，并且要出人头地。

就这样在不熟悉北京的情况下，我带着一份北京地图和一份《手递手》报纸，开始满北京跑，找地方开饭馆。我当时只有靠卖汽车挣来的微薄的资金，所以一路找得很辛苦，也很有挫折。但我是一个执行力非常强的人，不达目的一定不会罢休，很快我就找到一个店，把它盘了下来。然后开始一个人办执照，装修，买餐具，找厨师和服务员。在我来北京两个多月后，属于我自己的店终于开张了，同时我所有的积蓄还有我哥支援我的钱，都被我投进去了。当拿到营业执照的那一刻，我百感交集，终于在北京开始自己的事业了。

开张没有多久，我没有市场经验的弱点开始显现，当时我做的东西是我们老家临沂的光棍鸡，我自己非常喜欢吃，老家在京的朋友也喜欢吃，所以没有经过市场调查，也没有验证市场到底有多大，就开始做了。但我忽视了一个问题，这个产品可能我们喜欢吃，但却不代表北京人民喜欢吃。结果发现开店之后生意冷清，我想要调整也不好调整，厨师、服务员都是在老家找的，北京的餐饮市场也不熟悉，他们也给不了什么意见，最后大家只能眼睁睁地看着仅剩的那点流动资金都花完后宣告失败，把我打工挣的钱基本赔光。我的第一次所谓的创业没有哪怕一点的辉煌，就这样在悄无声息中结束了。那次创业失败之后，我才深深感到自己的欠缺。

再创业：反思之后做赚钱的生意

后来我又重新搬到清华西院，每天都去清华蹭课听，一边反思自己为什么会连一个小餐馆也开不起来，一边也在寻找机会东山再起。之后就偶遇了一个同样创业失败、也在清华游荡找不着北的朋友一起做建材。我们的商业模式很简单，还是做我的老本行销售，我自己先去在什么都没有的情况下找客户拿单，然后再找厂家生产，赚取中间的差价。这个业务最大的好处就是启动资金非常少，正好做销售也是我的老本行，没两个月我们就开始赚钱了，而且还赚得不少。但是这个生意对我而言并不是长久之计，整天就是喝酒、送礼、回扣等等。最致命的是回款太慢，好多钱都要不回来，我觉得这是个做不大的事，所以我又想起我的餐厅生意了。

接下来我把建材销售作为现金流业务，给我挣钱，又去开了一家餐厅。这回开店吸取了上次的教训，吃一堑长一智，我知道市场调查和了解市场的重要性了。我很认真地做了市场调查，综合分析了餐饮市场，觉得做价位便宜、简单快速的标准化快餐应该没有问题。

所以这个餐厅的商业模式是快餐食堂加外卖，给自己定位于做30平方米左右的小店，本着一级商圈二级马路的原则来选址，也就是在一个大的核心商圈里面，选择那种位置较差的地方，房租不超过每月15000元；生产的餐以外送为主，堂食为辅。经过对商业模式和细节详细的思考之后就是开始取名、核名、注册公司、注册商标、选址、VI设计、招聘、培训等等一切开店的准备。当时也是吸取了第一次的经验教训，我连一旦销售额不好怎么来扭转的预案都非常详细地做了策划，我认为这一次一定是万无一失了。而一切也真的和我预想的一样。由于商业模式和定位很准，我的店开业第一个月就盈利了，我分析这次做得不错的原因在于之前准备得比较充分，各种预案都做好了，宣传也很到位。另外在选址上很成功，我们选在了大红门附近，这边房租便宜，同时选择在批发市场边上，他们做生意忙，我们恰好可以提供送餐服务，周边也没有很多其他的餐饮巨头，我们正好填补了市场空白。

餐饮生意逐渐走上了正轨，于是我开始离开建材行业，全心做快餐店。我的内心突然有了不一样的想法，我决定要把这个生意火爆的餐饮店做成一个连锁，做成一个知名度很高的品牌，而失败的悲剧也在这里埋下了伏笔。

乌托邦式的再失败

由于我想做大的连锁，做成一个知名度比较高的品牌，于是开始学着大品牌做出品的标准化，每个客户比较喜欢的菜品我们都精确到主辅料的配比、调料的配比、出品的时间，并制定了操作标准贴在墙上。员工只要按照这个上面的做，之前没有做过餐饮行业的新手也能在一个小时内上手操作。后厨前厅我们也做了流程，规定了各种服务规范以及达标标准。还做了各种表格，进销、盘点、客户信息等等做到标准化、可复制，准备夯实基础做个大事，在第一个店开了七个月的时候我认为时机成熟了，可以复制。接下来我开了第二个店，做得也不错。

接连到来的小成就，使我自信心极度膨胀，这个时候我好大喜功的毛病又开始犯了。我觉得照这个模式复制下去一定可以做大，而要想让别人认可我，至少得有个旗舰店，于是想做个大店当样板，然后等商标注册下来让别人加盟，到时候就可以很简单地将自己的快餐店开遍全国了。

当我没有审视自身实力的时候，失败的悲剧就重演了，我筹措资金开始开大店、做样板，然后把其他几个店的几乎所有资金都抽出来，做了最大的一个店，在面积和定位上都完全地脱离了之前我设想的目标以及我的市场定位，所有的方面都尽力去做到最大，就是希望商标一下来，我要立刻开始加盟，把我的快餐店做到全中国。但是悲剧发生了，我的这个大店入不敷出，根本没法收回成本。

我开始持续亏损，哪怕我拿出了所有的办法和我所有的资金去拯救这家店，在苦苦支撑了七个月之后，这家乌托邦式的旗舰店还是在我的无力感之中失败了。其他的小店因为受到牵连，无力经营而转给了别人，我的这次创业又失败了。

反思：现金流，团队，心态

这一次的失败并没有让我痛苦，反而让我认清了自己。我在复盘的时候，认为最大的问题出在自己的心态上。一个创业项目的失败还是因为自己内心当中的好大喜功、浮躁，这些让我迷失方向。当取得了一点点成绩的时候就偷偷自喜，而不明白一个企业永远可能在24小时内死亡。其次，我根本没有准确地给自己的能力做好评估，认为做小店做成了，做大店一定能成，高估了自己的能力。觉得自己能够很快做成，却不知道品牌的管理、运营、团队都是很深的学问，挣到了一些钱就开始错误地评价自身的能力。

另外，是太急于求成了，刚做成功了两个小店，就想做招商加盟，殊不知管理两个小店和管理一个品牌输出公司的运作、模式、用人，都不一样。然后，在于自己的目标与方向感，自己不断地变换方向，没有认清楚自己的目标。再后，没有自己很好的团队，一路创业这么久，没有自己核心的搭档与伙伴，所有的创业都是单打独斗。最后，对于财务和资金链的把控，自己没有清晰的认识与理解，所以，最终被现金流拖垮和摧毁。

后记

我现在由《创业家》的粉丝变成了员工，创业四年流汗流泪苦逼加牛逼的蹉跎岁月最终还是以失败而告终，我心有不甘，但我无能为力，我不是宿命论者，但我还是相信这一切都是注定的。

其实我在开始的时候就意识到我的梦想、我想要的结果，很有可能都不会实现，可我还是决定去做去追逐，失败没有什么可怕的，可怕的是从来没有努力过还怡然自得地安慰自己。

很多人都问我创业失败再去上班心态是如何转变的，能接受吗？我觉得我的心态还是非常好的，创业和上班都是一样的，只是表现的方式不同而已，关键问题在于你是否喜欢，我喜欢我之前做的事，我可以为之努力而毫无怨言；我也喜欢我现在做的事，我也将会为它全力以赴，奋勇向前。就像我之前是在球场上踢球驰骋绿茵场，踢了臭球犯了规被罚下场，现在只能为踢球者服务端茶倒水，只要还与球有关就都是我喜欢的事，就会每天都充满激情去做。

文/王静静

点 评

资深创业研究学者/黑马顾问 龙真：

扩张的基础是核心的强大。特别对于创业公司尤其如此。老贾的两次失败就在于对于创业项目的核心理解有巨大的偏差。

第一次餐饮创业完全偏离了用户和需求。他错把自己和老家人的需求当成了客户需求，仓促行动，当发现问题时已经无力回天。

第二次餐饮创业极其注重用户和需求。对此，老贾做了大量的前期工作，这保证了第一家的顺利运转并解决了第二家店的资金压力，得以“以战养战”。在这一点上，老贾的做法是值得称道的。

问题出现在第二次创业的扩张部分。加盟管理与餐饮创业确实有很大的不同，尽管形式上看起来只是在原来餐饮创业的基础上标准化和品牌输出。

餐饮创业的直营模式想做大，标准化是需要的，品牌扩大也是需要的。它的客户是终端消费者，一定要在口味上做到标准化，在品牌扩大上做到大众皆知。作为一个创业公司，做到这些已经不太容易。

加盟管理上，它的客户是加盟商，而不再是原来的终端消费者。它需要做的就是千方百计地吸引加盟商，核心收费模式是加盟费用和加盟的周边费用。所以这套玩法要强化样板店，拿出有漂亮投入产出比的样板指标，制订足够有吸引力的加盟支持政策，以及具备强大的吸引当地最终消费者的手段和体系。做到这些确实需要一段时间的积累，以及前期较大的投入。

第二次创业的扩张部分问题就出在了加盟管理上。是否对加盟商心态有足够的了解，是否非要先上一个大的样板店，样板店是以店面本身的漂亮制胜还是以投入产出比制胜，加盟支持政策是否有吸引力，是否有体系化的吸引客流和提高销售额的培训体系，这些都是在做加盟管理前应该考虑的基础问题。

餐饮创业已经有一套玩法，创始人却选择了另外一套看似很类似但却完全不一样的新市场去扩张，这种对两个市场认识上的偏差是他失败的核心原因。

5.荒诞并购的野蛮式破产

试错人：黄劲
项目名称：安博教育
主营业务：教育培训
试错时间：2000年
—2013年7月

通过并购整合一堆小公司然后打包上市的安博，终究没能玩转这盘生意。生死关口，安博买公司的模式值得反思。利用资本并购迅速长大，然后打包上市，这样一家教育培训公司，究竟能走多远？

2013年6月12日，开曼群岛法院向安博发出临时托管的通知，并且任命毕马威（KPMG）为临时托管人；同时，法院还命令遣散安博董事会，并赋予临时托管人控制公司账目和业务的权利。这是在美上市的中概股首次被判托管。

在安博北京总部，安博员工已许久没见过他们的创始人黄劲了。配合毕马威工作的是黄劲的哥哥、安博的市场副总裁黄刚。安博内部人心惶惶，都在等待2013年7月初的“最后判决”，是生是死，谁也不知道，一些员工在悄悄地为自己找后路。而据业内人士透露，现在黄劲家门口经常出现讨债的人。

股价幻灭

对安博和黄劲杀伤力最大的讨债者是长沙兢才修业学校原校长黄敏旭。他在2012年初向会计师行普华永道递交了一份包含指控安博虚报软件收入的资料，普华随后通知审计委员会开始内部调查。

作者拿到了这份原始的举报材料，其核心举报内容是安博通过欺骗性的手段，将缓慢增长的学费收入转换为软件销售的快速增长，骗取国家高科技软件企业认证，骗取软件企业所得税减免和增值税返还。黄敏旭这一举报直接导致安博一步步陷入今天的泥潭。

安博的另外一个讨债者是长沙同升湖学校原校长王忠和。据安博内部员工李名（化名）透露，王忠和2013年6月份还一度在同升湖学校门口搭了临时房子，把他父母都接过来住，准备长期作战。

无论是黄敏旭还是王忠和，闹僵起来的核心刺激点都是——安博没有或没法兑现当年收购他们学校时候的股票对价许诺。

王忠和向作者抱怨，称安博对其形成了欺诈。2009年8月，安博以约1.56亿元的价格收购长沙同升湖学校，其中支付8391万元现金，另外7184.5万元则用安博245.7272万股原始股支付。据王忠和说，相当于每股原始股值6美元，安博承诺他，未来上市的发行价会是这个原始股价格的3～5倍，相当于每股18～30美元。如果按30美元算，以最新汇率换算为人民币，也相当于4.52亿元。“股票会涨到和新东方差不多，将来会去收购新东方，给你画一个巨大的饼。”王忠和说。

一家教育培训企业的联合创始人李名（化名）告诉作者，（因为体制和行业特性等原因）类似长沙同升湖和兢才修业这样的学校，不可能靠自身单独上市，也很难走出长沙一隅。安博不但给他们一笔巨大的现金，还能让他们的学校跟着一起上市，有很大诱惑力。据李名透露，当年安博去并购一些地方学校的时候，有的学校校长甚至主动送钱给安博负责并购的高管，希望能被安博买掉，一起上市发财。

中国教育培训市场散乱，是安博并购整合各地教育培训机构一起上市的逻辑得以成立的前提。从2000年到2008年，四轮融资融到的约1.65亿美元则为安博展开并购提供了充足的资本弹药。在安博并购团队的“画饼”下，大部分被安博收购的学校校长都对上市后的财富效应抱有极大的期待。但这种财富效应成立的前提是：安博股价也需涨到相应的水平。

2010年8月5日，安博在美国上市，发行价为10美元/1ADS（安博规定1ADS=2普通股）。然而，上市当天股价即跌破10美元发行价。2010–2011年，安博股票基本维持在8美元附近，跟当年承诺的“跟新东方差不多的股价”有很大距离。新东方2008–2013年的股价基本保持在15美元以上，而在中概股被频繁质疑的2011年，新东方的股价全年都在20美元以上，而安博的股价在2011年6月一度跌至每股6美元以下。

更要命的是，不少原来被安博并购的学校校长对股票根本不懂，对手上持有的安博普通股盲目高估。2012年5月1日至17日，安博股价一路从7.27美元跌至4.35美元，此后更是一泻千里，自2013年3月22日起一直停留在0.95美元。这意味着安博原来的股价承诺变成镜中花水中月，王忠和、黄敏旭等人持有的股票几乎沦为废纸。

“拼图式”并购埋祸根

“安博就是‘垃圾打包站’，它把一堆乱七八糟的东西放在一起，像一张拼图，遇到外界干预，‘啪’一下就散了。”李名说。

安博最初设想只收购培训学校，只收购各个行业内前三名的公司。但前安博某细分产品总经理李炎（化名）告诉作者，安博的并购设想执行得并不到位，首先是什么公司都收，其次并不只并购行业前三的公司，还并购了很多小公司。从招股书公布的并购项目看，2008–2009年安博并购的23个学校里，既有民办大学，也有教育软件公司，既有全日制学校，也有IT职业培训公司……并购金额从792万元到4.5亿元不等。

安博为何不能按当初设想并购？“（行业的）第一、第二不好并嘛，就不断退而求其次，在上市前盘子不够（大），所以并了很多小盘子。”李炎举数学课外辅导为例：“为什么学而思（中小学课外辅导最强的上市公司）现在进天津、武汉还干不好？就因为当地已有天津华英学校、武汉树人学校这两家品牌很强的数学课外辅导学校。安博整合各地最强的培训学校的逻辑是对的，如果它把武汉树人、天津华英并购掉，然后再整合北京巨人学校，那么安博就是数学课外辅导领域里最强的。可是事实上，它到天津去整合了华英，到武汉整合的是比武汉树人小很多的机构，这就失去了并购和整合的意义。”

1对1中小学辅导机构京翰，在安博的并购项目里算是优质公司，但在李名看来，京翰跟学大、龙文比还差太远，好学校不会轻易委身给安博。李名跟黄劲相熟，他认为安博的并购团队是个赚快钱的团队，买公司的时候很少考虑安博的未来，中间有不少灰色交易。

安博并购公司的庞杂导致其后续整合极难。“对象不同，有做幼教的，有做1对1的，有做辅导班的，有做高考复读的；对象的层次也不同，比如说都是英语培训，有高、中、低端，（面向的）孩子的大小也不一样，有3～6岁的，有8～12岁的，有18岁以上的，整合的困难超乎我们的想象。”最后李炎离开了他一度认为“人的综合素质比新东方还要强”的安博，连安博给他的期权都放弃了。

安博并购公司的庞杂，还意味着对并购整合人才的储备要求比较高。然而，李炎认为，被安博并购后，原来的创业者要么获利跑掉了，要么不满意也跑了，因为（并购）培训公司并购的就是人，如果原来的人走了，自己的人能顶上，这就不会有问题。

有的部门也顶得挺好，比如说京瀚并购来之后，黄森磊顶得就蛮好，起码营业额还在增长（据安博财报，京翰的年营收从并购时的2亿元增加到了7亿元），还有一些小部门都顶得很好，但问题是，安博总监级的能顶上的人大都没留住（李炎当时汇报的副总下面总计有9个总监，现在只剩下1个）。

那些待的时间久一点的总监，股票一套现都跑了。

“有些人还是想在安博做点事儿，但没机会，这是由里面的体制决定的，比如用人唯亲、用人唯信这些东西，像黄劲的亲哥哥——黄刚在安博担任副总裁。”李炎说。

安博的高管大多是做教育软件出身，真正懂教育服务的不多。黄劲本人又是一个美式管理思维浓厚的老板，很少跨过副总去直接培养总监级人才。

据作者了解，激励不够高也是安博留不住中层的核心原因。

安博某技术总监只拿到了相当于30万元的股权激励。这可以理解，此前的多轮融资以及频频并购，安博很大一部分股权已被稀释，连黄劲也仅保留公司10%的股份，留给高管的股份本来就不多，更何况中层？总监级员工的大量流失和培养不及时导致很多业务没人干，职业教育、成人英语等业务全线溃退。

线上整合不了线下

安博的早期战略投资者之一是在全球并购了140多家公司的思科。有了这样的股东，安博对并购整合并非完全没有准备。安博此前披露过对所买公司为期两年的并购流程，短期是规范财务和IT，然后从管理到人事参照集团制度进行重整，最后要求原创始人培养出接班人后三年离职。

黄劲为了能快速规范并购过来的学校的财务和IT，重金聘请了曾在思科大中国区担任首席信息官的古一思出任高级副总裁，负责安博研究院、职业教育服务事业部和技术服务运营中心；还聘请曾在思科服务六年、做过思科（中国）财务负责人的财务高手周保根出任高级副总裁和首席财务官。

安博并购京翰、同升湖等机构后，确实第一时间从总部派财务过来换掉原来的财务，至于IT统一和提升，这一度成为其打动被并购对象的资本之一。人众人创始人杜葵向作者坦承，起初选择被安博收购，是希望通过安博为遇到瓶颈的人众人提供资本和IT上的支持。

不过，在前安博教育研究院软件工程师张靖（化名）看来，黄劲一直想用安博的学习软件产品统合并购过来的培训学校。这从黄劲手下最得力的几员副总裁出身可见一斑。除了出身思科的古一思兼管安博研究院（负责研发学习软件产品）和安博职业教育事业部，分管学校教育服务事业部的副总裁薛建国之前是科利华的执行总裁，分管基础教育服务事业部的副总裁黄森磊此前是北大附中网校的执行校长，都是搞学习软件或在线教育出身。

从表面看，黄劲的软件战略似乎卓有成效。据安博财报，2008年至2011年，安博软件产品的销售收入分别为0.3882亿元、1.23亿元、2.15亿元和3.48亿元。

如此靓丽的数据是怎么来的？黄敏旭提供给作者的资料显示，2009年9月至2012年9月受雇于安博集团、负责集团职业提升部门的副总裁声称，为了使软件产品销售额上涨，安博集团职业教育分部所有被收购公司向安博在线软件有限公司上报收入数据时，均将其收入从学费转向软件产品销售，因此这些公司的收入被计入基于学生软件账户产生的销售收入，而不是被计入学费，安博集团的信息职员将在系统中制造同等数目的账户。该副总裁说，事实上这些学生软件账户大多数从未得到使用。

作者此前的调查报道，也证实了安博的这种意图并不限于职业教育，还推广到了基础教育。安博收购京翰（北京）后，成立了一个新公司，叫京翰英才。京翰的班主任和咨询师被要求销售安博推出的一系列卡、学习软件。“卖传统课时提成是8%，卖安博的学习软件产品提成10%，且卖出即结算，比如家长在京翰买了100小时传统课时，同时给家长25张学习软件，安博要求我们对家长说，这25张学习软件是你买的，100小时传统课时是赠送的。”曾在京翰担任班主任的王湘（化名）说。

黄劲用学习软件产品来强制统合线下教育培训机构，用心可谓良苦。第一，软件产品是其最熟悉和擅长的产品，毛利高，概念好（属于在线教育）；第二，有助于安博掌握最终用户和将品牌推向大众；第三，一旦形成规模，可逐渐摆脱对并购过来的学校原管理层和老师的依赖。

“她尝试了两年，最后没有解决问题。”安博尽管在京翰拼命推学习软件产品，但现实刚好反过来，家长关心的是跟老师面对面的传统课时，而不是学习软件。“很多家长问，不要学习软件能不能便宜一点？”王湘说，班主任或者咨询师在实际执行中还是变成卖课时赠学习软件，“反正价钱是一样的。”

张靖认为，线下教育是网上替代不了的，在中小学在线学习做得最好的学而思网校的核心目的居然是为了配合线下分校的招生，而不是通过在线上售卖线下的高清视频课程赚钱。此外，安博的学习软件产品推不下去，跟其对并购过来的学校掌控力不强有相当大的关系。

安博残局

张靖所说的掌控不强并非指安博没有财务和业务上的人紧盯收购过来的业务，而是指安博没有懂行的人才可以把线下业务真正带向新的高度。

人众人创始人杜葵认为，安博应该制定一个明确的机制来服务好并购过来的学校，但它的定位总不清楚，有时候像一个庄主，有时候又把自己作为一个管理者，非常具体地直接插手管理事务。“如果不懂专业，起码还要有感召力把大家整合在一起，让所有人获得更大的利益。”已离开人众人的杜葵显然对安博不懂行还瞎指挥有些不满。

同样对教育服务外行的诺亚舟并购了学前教育机构“小星空”后，曾空投过一位总经理级别的高管，结果发现未必有原来的人做得好，维系现状还可以，再把业务继续做大就会有障碍。诺亚舟CFO李冬梅向作者承认，一年多的试验结束后，诺亚舟基本上放弃了自己来主导被并购企业的思路。

而安博则没有这么从容，线上整合线下的路走不通。上市后为了保证每年的业绩增长，让股价跟股东的期望不要差太远，只能源源不断地从并购的优质学校里“竭泽而渔”。

杜葵透露，安博进入人众人后，不仅没有资本上的支持，而且还要从财务上抽取更多的钱，原来每年都有的几百万元研发、创新费用也全部被砍掉。

人众人离职员工张磊（化名）对作者表示，2011年人众人三四百名员工卖室内课，当年业绩指标为1500万元。被安博并购后，这三四百人被拆分成户外拓展和室内课两个事业部。室内课事业部只留下约六七十人，而2012年的业绩指标是2000万元。“主要问题是新事业部80%的销售人员都是新进的，在没有任何资源和经验的情况下，显然完不成这种高指标”，张磊说。2012年年初，人众人爆发离职潮，一度导致业务停滞。2012年3月，部分离职员工成立了新的“人合众人”公司。

据王忠和披露的数据显示，被安博并购后的2010年，同升湖学校对其英语实验班每人每年加收2000元学费，理科实验班每人每年加收4000元学费。据他的统计，2008年至2009年，同升湖学校每年总收入在8100万元上下，2011年其总收入增至1.03亿元。

已通过打官司把学校从安博要回来的天津华英学校校长李忠婉拒了的采访。李名认为他是赢家，既拿到了安博的现金又拿回了学校。而向媒体多次表示“宁愿死，也要把学校搞回来，否则死不瞑目，抱憾终身”的王忠和，2013年6月6日向湖南省高级人民法院起诉安博，并在6月24日拿到了湖南省高院的民事裁定书，上面要求暂停长沙同升湖试验学校和实验幼儿园两所学校举办者的变更。

面对安博的残局，王忠和与黄敏旭都期望有李忠式的“完美结局”，他们会如愿吗?

文/石海威　王静静

点 评

学大教育创始人/黑马营导师 金鑫：

可以说，安博大规模并购的开始就注定了它的失败。从策略来看，安博试图通过大规模并购的方式，打造一艘教育界的“航母”。但是策略方向性的错误与之后毫无章法的混乱打法，让安博最初的设想，最终只能是“看上去很美”。

总体来说安博并购失败的原因归结如下三点。

1．违背市场发展规律，没有练好内功，丧失了企业安身立命的根本。

从战略制定的方向来看，任何一家企业都不能通过购买主营业务的形式去获得长足的发展与成功。安博从教育软件行业转型到实体教育，实际上是放弃了主营业务，但是由于资本驱动，缺乏苦练内功、长期运营、培养自己的核心业务的决心，所以这从道的层面、规律的层面上就是错的，注定以“资本操盘手”的“昙花一现”结束。

2．业务线庞杂，盘子摊得过大，导致内部管理混乱。

从战略布局的章法来看，“定位”与“聚焦”在企业发展过程中是取舍布局过程中的一个重要考量因素。安博在战略定位上没有主营业务，布局上同样因为目标涣散，涉猎庞杂，而导致巨大的整合成本。加之教育细分领域的业务区隔非常明显，多象限的业务会让企业运营变得十分复杂，再加上如果都是并购过来的企业，与自有公司本身的立场和利益并不一致，更加速了公司内部管理的混乱。

3．过于看重短期经济利益，表面“快速成长”只会加速毁灭的速度。

从市场出击的执行战术来看，安博过于看重短期经济利益，包括在并购中还存在灰色交易，包括让被投资者期望值过高、把收购价格压得过低的情况，还有一些直逼底线的操作方法，包括有违会计准则的操作等等，这些都会成为企业日后恶性循环的发酵剂，最终引发企业的失控崩盘。

因此通过仔细分析，安博不是毫无机会的。如果在当初布局之时，只针对某一个领域进行并购，就可以保证企业最大限度上的大局不乱，同时配以相对简单的经营管理的人员结构，就减少了日后失败的几率。其次安博收购的企业质量，大部分是不错的。如果能在并购进行中及时改变战术，不进行短期行为，公正、公平地办事情，把大家利益统一起来，还存在翻身的机会，不至于导致今天的结局。

快乐学习教育集团创始人／黑马营师兄 张浩：

安博教育自2010年8月5日成功在纽交所IPO后就因短短几年的二十多起并购饱受争议，在IPO短暂的甜蜜之后，安博教育的股票在二级市场表现低迷、成交惨淡，之后开始爆发并购纠纷——引发内部调查——年报延迟——董事离职——大股东试图私有化——被交易所停牌……

安博教育环环相扣的多米诺骨牌是怎么倒掉的？并购路线的脱轨给我们带来的启示是我们研究这个案例的初衷。

第一，并购的关键在于后期的整合。教育培训是现金流非常好的行业，理论上安博的基础教育和职业教育业务不应该出现大额应收款，但安博的应收账款却从2010年度4828万元增加到2011年度1.08亿元。安博的问题表面上是股东矛盾，但股东打架的背后是经营性现金流的持续减少和应收账款的激增。

在资本运作上以强势干练示人的黄劲，无法推动大部分并购后业务的后续增长，所以安博的问题核心终究在于业务，财务数据和股价震荡都是对业务现实的反映。

很多人觉得美国资本市场上市门槛低，容易上去，但是不知道他们的监管看似松散实则严厉，“用脚投票”，甚至可以将上市公司打至退市。

第二，线上整合不了线下。

第三，教育行业无外乎人。安博的收购思路看似很清晰。首先，收购地方前三教育品牌；其次，提出收入目标；再次，三年完成对原有教育企业的财务和IT系统、人力资源、产品、业务模型、管理团队的整合。而整合开始阶段，安博就提出“三年接班人培养计划”，要求在限定时间内培养新的管理者，创始人必须离开。

收购的时候安博才发现，在国外金钱就可以开道的并购，到了地方教育机构上就很难行得通，想吞并前三强更是难上加难。这是因为安博的思路只是凭借脱离人性的方法论、纸上谈兵的规则。安博对并购学校掌控不强，除了执行原因外，还因为安博没有懂行的人把线下业务带到新高度。当线上拉动不了线下、业务无法推动、管理层缺乏感召力时，大面积核心人员的离职就成为必然，从而又进一步导致业务停滞，拉低股价，进入死循环。

综上所述，教育是文火慢炖的功夫，是踏踏实实做的服务行业，大火催熟、资本炒作只能造成“外糊里生”的结果。在过多追求增收而导致的服务质量退化之后，迎来的必然是被消费者厌弃，产生恶性循环，资金链断裂，最终出现“入不敷出”的关闭学校事件。

“投资赚热钱”和“静心做教育”本来就是南辕北辙的两条路。撇开各种经营上的问题不说，做教育需要的是对消费者高度的责任心。就拿同样关闭学校的事件来说，2013年第三季度，新东方关闭22个教学中心，裁减1200名员工，但是却鲜有纠纷。据知情人爆料，俞敏洪准备了过亿的贮备金来应对分校关闭事件，表达了对学生们负责的态度，而在美国安居乐业、创办公司的黄劲则对此一无所知。

6.巴山农夫受挫记

试错人：董生辉
项目名称：巴山农夫
主营业务：农产品
试错时间：2011年—至今

北大的董生辉创立了名为“巴山农夫”的农产品，因为他的北大身份被称为“猪肉哥二世”。然而，即使获得了3000万元的风险投资，巴山农夫仍然遭受了挫败。以下是他的反思。

农业缘分

为什么要做农业呢？首先和我的出身有关，我出生在一个贫穷落后的少数民族山区——湖北省恩施土家族苗族自治州，从小就干农活，是典型的农三代，对农业生产的艰辛和农产品加工的出路有着深刻的体会。

再就是我临近毕业时有幸在中国人民大学农业与农村发展学院做过一段时间的农业项目。2006年，中央一号文件提出新农村建设的农业梦想，农发学院为此成立了新农村建设领导小组，主要做政策解读、项目调研和学术研究等，我在里面负责撰写一些相关报告，慢慢地就转到农业这行了。毕竟是半路出家，也觉得这份工作重复枯燥，做了快一年时就想跳出这个圈，重新换换工作。

特别巧合，在一个兄长引荐下，认识了西藏冰川矿泉水公司的北大80级大师兄，于是从学校出来后就直接加入了这家企业。公司品牌“西藏5100”是中国第一款高端矿泉水，也是迄今为止最成功的国产高端矿泉水品牌，无论在国航、高铁还是世博、博鳌等各个场所大家都见过它的身影。2011年，西藏5100成功在香港联交所挂牌上市，成为了西藏第一家海外上市企业，我也随后选择了离开。

在西藏5100工作近6年的时间里，我从销售做起，历任区域市场总监、团购渠道负责人、高尔夫渠道负责人、品牌宣传部部长以及公司其他事务要职，参与了大小项目数十个，曾取得骄人业绩。

正是在这里得到企业的悉心栽培，受到锻炼，我得以成长起来，拥有了丰富的食品饮料行业创业及企业运营管理经验，积累了优质的高端人脉资源，收获了稳固的餐饮、商超、电商等等相关渠道。这份经历使我对食品领域的饮食安全进行了深度的思考，在涉农领域结下了深厚的情结。

从西藏5100出来后我即开始了创业之路。

在选定创业方向时就非常明确，因为我IT做不了，金融做不了，只能干老本行，做农业和食品去。在梳理产品和地域时走了一圈后发现还是我们家乡好，一是环境独特而熟悉，二是产品稀缺性强，三是家乡的交通便利了，于是就找了两个朋友决定一起做。

农业梦想

一开始我们就锁定在独特的高山农产品领域，准备自己先行动起来做出示范效应后，再通过政府的扶持去申请项目资金壮大，以此带动当地农业的转型升级，在保护家乡青山绿水的同时做些实实在在的贡献。

可是在起步后找政府沟通时，他们认为我们比较年轻，而且资源有限，同时也觉得我们的这点原始资金玩不转这个链条，存在很多不可控的风险。于是就借机向我们推介一个招商引资项目，力促我们携手合作。随后对方的老总亲自找到我们，非常诚恳地希望我们能接受邀请，一起谋事。

与对方的几番交谈，聊得也算投机，我们最终接受了盛邀。

基于以下几方面，我们一拍即合。1．对方的资金充裕，对方是一家排名靠前的民营煤矿，不至于言而无信、轻率地撤资，也许诺让我们放手放权去经营，做我们的坚强后盾；2．他们谈了很多宏大的理想，很乐意为山区经济发展做贡献，我们觉得是务实派；3．当时对方的诚意很打动我们，他们能来山区投资兴业的举措着实令我们敬佩；4．我们考虑到对方的产业正面临调整转型期，而农业项目的确是未来的大方向，我们可以大展身手。只是没有想到，正是当初的这个决定最后让我们受到牵连，农业希望之梦刚刚开始就被断送。

商业逻辑

在资方的充分信任下，我们开始招兵买马，信心满满地踏上了生态农业之路。说好的先期3000万元投资款中的1000万元如期到账，因为资方最先的原则是我们怎么做他们怎么支持，毕竟做农业大后方还是非常重要的，没有这个大后方很多事情就无法运转。

万事开头难，难就难在规划上。巴山农夫高山生态农场如何定位，规模多大，基地如何实施，市场如何开展……在这一系列的现实问题上从一开始我们就与资方的意见不尽相同，可最终拿钱手短，我们不得已一次次妥协。

资方首先在规模上希望扩大产能，做出气势来（当然这有给政府做业绩嫌疑，以此也可获得更多的项目资金），我们恰恰认为刚开始应该不是规模效应，而是把品牌效应做出来。

其次，在产品线上，他们坚持大而全，囊括当地的优势特色产品，我们坚持认为小而美、专而精是生态农业中的核心，毕竟农业由不得作秀，必须步步为营，稳扎稳打。

好在，最终我们达成共识，“巴山农夫”确定在富硒黑猪养殖和高山蔬菜种植领域，只是在延伸产品线上仍有分歧。

又是从零起步，种植、养殖、基地管理、人员招聘、市场计划、项目申报……事无巨细，各项工作都有序进行。

蔬菜种植八步

我们为了产品的高品质，种植过程中严格实行高要求、高标准。具体实施办法：第一步，用生石灰对土壤消毒；第二步，尽管基地地处海拔1500米以上的高山地带，这里的土壤、空气、水几乎没受到污染，我们还是选定了华北地区最大的一家有机肥企业从石家庄通过火车皮运送到基地，再与自己发酵的菌种加工成有机菌肥后按照一亩一吨的量施放在土壤里，共计3000亩面积；第三步，在处理完的土地里我们再加入甲壳素，让土壤活性增强、有机质增多；第四步，第一年蔬菜的品类就是甘蓝和白萝卜，全部选用的当地发芽率大于90%、发芽势强的品种，甘蓝亩用种量控制在20克，萝卜亩用种量控制在75克，杜绝了转基因种子；第五步，在防治病虫害方面，我们与重庆大学建立了合作，使用他们研制的可以喝的生物药剂（如白僵菌、绿僵菌），这样就杜绝了化学农药残留在蔬菜上的副作用；第六步，全部实现人工除草（除的草全部给黑猪当干粮），严防了除草剂的污染；第七步，因为高山的环境，基地不用大棚，蔬菜完全自然状态生长，所以生长周期长，营养价值高，口感独特，而且每天清晨山间雾气蒸腾，蔬菜吸收甘露精华，就无需人工灌水了；第八步，也是最核心的环节，因为恩施是“世界硒都”，土壤中天然富含微量元素硒，但硒有四十几个价态，我们就与全国最著名的硒研究专家合作，将硒进行分离，把对人体无用甚至有害的价态摒弃，留下有用的如+2价、+4价硒等，这样蔬菜的硒含量不仅高，而且人体吸收后极为有益。

放音乐保证黑猪品质

要保证猪肉的高品质肯定就得从最前端开始，从配种、分娩保育、生长育成等各个环节把控。我们当地有一个县（咸丰县）几乎家家户户养黑猪，我们与畜牧局成立了一个黑猪合作社，把配种和分娩保育阶段全部放到各个家庭里去，待黑猪长到50kg以上时，我们负责全部回收，每斤一般高于市场价2元。回收的半大猪直接拉到我们建立在海拔1800米的高山基地里放养，放养时间至少三个月以上。这些猪刚到山上时，一开始会掉膘，一是因为它们在山上跑，风大，早晚温差大，无论吃什么都会掉膘；二是在家庭喂养期间难免有人会加饲料，饲料养的猪很快就育肥，当把它们放到山上运动后，增加了肌腱组织，以前吃的什么东西都被排出来，重量也就自然下降。

在放养中，猪会悠闲地吃野花、野草，拱泥土，喝山泉，我们还会把蔬菜的尾菜分食给它们。同时在放养过程中还给它们放一些音乐，轻音乐、古典音乐都有，因为猪是进化过来的，突然有这么块天地了它会野性很强，刚上山的时候就会很狂躁、很兴奋，就像小孩一样，在每天的音乐疗养后，能发现它们自然流露出的那种撒欢劲儿。另外，为了让猪养成相对规律的作息，我们的饲养员会以敲锣的方式慢慢训练它们什么时候进食，时间一久，它们条件反射地就跑过来了，那种场面很壮观，这证明了猪其实是很聪明的动物。

不仅在放养过程中我们放音乐，在屠宰时，我们也会放音乐，一般以佛教相关音乐为主，因为佛教讲不杀生，所以这个音乐的播放也算超度它们了。我们做过观察，它们到圈里后的十来个小时期间都会很狂躁，耳朵也会耷拉下来。等它把力气耗光了，这个时候就要开始放音乐。慢慢地它们就会把耳朵立起来，甚至有的猪会静静地站起来。如果猪处于高度紧张时，体内乳酸含量较高，能量水平低，放音乐后能让它们的情绪放松，屠宰时就没有什么应激反应，能保持猪的肌肉组织完好，不会产生毒素，猪肉也不会因为紧张而变得僵硬，肉质就更鲜嫩。

疯狂的营销

因为巴山农夫做的是生态农业，定位高端，加上独特的品质和我们渠道建设的优势，所以我们第一站把北京作为营销中心，在基地方做到稳健发展的同时我们又来到北京启动市场销售工作。

猪肉方面我们只卖冻肉不卖鲜肉，因为卖鲜肉就必须在北京屠宰，否则二次污染就很厉害。其实冻肉的营养价值并不低于鲜肉，且对我们的销售极为有利，如果卖不出去我们可以把猪继续养起来，大不了每天给它三斤粮食，我们的销售周期加长，就会游刃有余。

蔬菜就不一样，从种植到管理、采收、物流、销售，每一环节都连贯性很强。比如萝卜，你今天要采收如果延误到明天来拔，它水分一天可能增加两斤，这样的萝卜就没有了品相，自然卖不了好价钱。这个风险很大。

做了一年左右的巴山农夫，在北京已小有名气。2013上半年还挺好，中秋那段时间开始，面临很多问题，一方面十八大之后廉政建设对传统意义上的高端渠道影响很大，因为我们做的就是高端定位；另一方面，因为我们的蔬菜产品较为单一，在重复购买上受到影响；三是因为生产规模不合理，每天运送到北京的蔬菜量都在30吨以上，使得我们库存积压严重。为此，我们团队个个都是三头六臂地想尽一切办法去分解。

开展市场推广之初我们就结合消费市场实际情况，组织了几场具有针对性的营销活动。当时我们做的是B2B，主要是和企业合作，因此与中国烹协一起组织了一场针对北京高端餐饮界的蔬菜、猪肉产品推介会，邀请大厨现场烹饪，亲自品尝并带动采购，这个感受是非常直观的，效果也不错，与几十家北京的高端会所、酒楼建立了供采关系。另外我们找了好多机关食堂，因为去年以来这些食堂开始转型，于是我们就针对他们做了多次销售推广活动，整体反响不错，包括八一大楼、空军大院、教育部、财政部、商务部、国家体育总局、全国政协礼堂、总政、总后、京西宾馆、光大银行、华夏银行、空军总医院、306医院、北大后勤集团、国际关系学院后勤集团、北京工商大学后勤集团等均建立了良好合作。还有我们在高档商场搭台搞“试吃”活动，让消费者购物的同时把菜免费拿回家，只要吃过的人无一不说好。

为了形成宣传舆论攻势，我们还策划了一次媒体推介研讨会，一段时间内在网上产生了极大的传播效果。为了突出我们的环境独特性，我们邀请了生态农业方面的专家、媒体记者、行业领袖、消费者等到我们的基地实地了解，看后他们都大加赞赏，极为认可我们的做法。

与此同时，线上我们做了电商渠道，包括与顺丰优选、我买网、沱沱工社、1号店等我们都有过合作；线下我们也做了家庭客户，在打破常规蔬菜销售模式上进行了探索。

我们做了一个比较狠的事件，就是在社区和核心商圈广场搞了一场声势浩大的诚信售卖活动。如我们在很高端的小区弄了一个很大的广告牌“诚信买卖，无人售卖”，旁边立一个红色的售卖箱，就八个字在那，好多人下班了以后看见这样的方式就觉得稀奇，很佩服我们的勇气，就尝试着交易，没曾想因为菜的独特风味，反响真不错。甚至有的业主还主动给我们牵线渠道，如顺丰优选就是一个业主看见后帮我们引荐对方的负责人，最终成功合作。

这个“诚信模式”我们做了不到一个月，因为夏天室外的温度较高，菜不适合长时间放在露天，也存在一定的安全风险，所以后来我们就调整策略了。但是这个事件本身被炒得非常好，有媒体介入报道，在很多老百姓心中也留下了很好的口碑。

时至今日还没有人敢大胆地做类似模式，我认为这仍是一个很好的创举，值得继续试探。这一系列的活动推广和全渠道的销售展开，都为品牌的建设打下了坚实的基础，使得“巴山农夫”短时间内在北京市场的部分渠道里卷起了一股不小的旋风。

选定渠道

毕竟产品价格不低，我们定的蔬菜零售价16元/斤，猪肉零售价约80元/斤，所以尽管我们采取了一系列创新营销模式，也难以消化掉如山一样的产量。同时大家对绿色食品、有机食品、生态食品等的概念也较为模糊，你光告诉消费者应该怎么吃菜、吃什么菜好，大家是非常排斥的。就如当年我们做5100矿泉水时做科普性推广一样，这个教育成本太大，而且时间漫长。

我们没选商超渠道，其实这个渠道我们的资源是非常丰富的，很多超市都可以直接进去。不做的原因有两个，第一，进超市多少都需要进场费，网点铺开后这个进场费是一笔不小的开支；第二，现在超市本身是一个逐渐萎缩的业态，里面的蔬菜大多还是卖的早市、晚市，老太太老大爷常去捡便宜；第三，上架时间很短，三天的上架率只能卖两天，撤架后怎么办呢？蔬菜没有了鲜度，也没有“下水道”消化，只会赔了夫人又折兵。

还有一个核心原因就是账期，商超的行规是至少45天（很多餐饮我们可以谈到10天的账期），加上耗损，会把企业耗得精疲力竭。

我们绕了一大圈后，终于找到了自认为真正有价值的渠道——中档农贸市场，重新做了定位——高端不高价的品牌蔬菜，再找到匹配的市场商户，将其摊位包装后一下子体现出了高端不高价的终端形象。我们知道，所有成熟的品牌在市场推广初期都是一路摸索、一路试错、一路修正的结果，没有哪个品牌只靠当初的计划书就走对了路。

我们先找了几个农贸市场，与里面那些年轻的、有先进意识的商户谈合作，帮我们代卖。要求商户预留一小块地方，我们立一个牌子，写上“你从来没有吃过的菜”的广告语。

因为我们这个菜的确很特殊，适合生吃，甜甜脆脆的。于是我们把它洗干净切成块，插上牙签摆在那让他们去试吃，他们一吃感觉不错，本来是花两块钱来买菜，忽然发现这里有一个卖高端菜的，有包装，而且价钱还不是很贵（我们定在5元/斤，很多普通时令蔬菜比这个价格还高），一部分人就会尝鲜购买。这样一百个人里有二十个买就很多了，因为农贸市场的人流量很大（跟百度流量一样），每天几千人，菜就这样销完了。现实中老大妈才是买菜的生力军，而且老大妈们一般都有占小便宜的心理，她们买回家给儿子儿媳吃后，大家觉得很不错，就会关心菜的来源、问询价格什么的，慢慢地回头客就很高很高。

另外，老大妈们也都很注重养生，只要菜的品质高，价钱不是很离谱，他们就会买，毕竟一家人的安全、健康谁都重视，只是很多时候被敏感的价格阻挡。按照2014年北京官方数字，北京平均每天约消耗2000万斤蔬菜，而近80%的蔬菜将通过农贸市场流通，可是农贸市场的蔬菜绝大多数都存在质量问题，我们为此专门抽检过一些蔬菜拿去化验，结果都或多或少地存在农药残留。因此品质保证是关键，很少有消费者真的去较真、花钱去检测，但是好东西消费者一吃就会觉得很不错，因为口感不一样，还有包装，一般的菜就是给个塑料袋。这件事看似不起眼，但是一包就不一样了，他们就感觉是一个商品，而不是一个初级农产品。这样一下子就抓住了他们的心。如果把这个农贸市场占领了，其实就是中端农贸市场的高端产品。当然，要攻下这个市场不仅需要资金支持，更需要土地资源和人力成本，还得有更多的品类。

这个市场看似不起眼，却是我们一路摸着石头过河总结出来的门道，投入小，扩张快，效果好，关键是没有账期，我今天把菜送过去，明天送货时就会把钱拿回来，现金流就非常快地运转了，而且是纯利（每斤蔬菜所有成本加起来3.5元/斤）。事实上，没有哪个企业不想成功，不想获得很强的盈利能力，但恰恰很多企业在实际中又太过理想化，喜欢在推广上找概念，自娱自乐地营销，自己玩得很嗨，可没一个活得好，他们把定位束之高阁，信奉高端高价标杆。殊不知，企业只有活下来才是王道，我们当初也是既被资方的战略逼得苦不堪言，也被天量的蔬菜压得踹不过气，死扛着高价不放。

为什么我们觉得这是一块蓝海市场呢？其一，依据“先挣容易钱”的理论，在多数人里淘少部分人成为客户，而不是在少部分人群里淘出多数人成为客户，在农贸市场只要我们用心做服务，就会很快在绝大多数人中产生好口碑；其二，找到一个大到足以赢利但又小到无法引起竞争者兴趣的细分市场，我们认为农贸市场就是这样的一片蓝海。只可惜，今天还没有一家做有机农业的企业看中这块市场，大家仍旧按照既有的思维模式在塔尖上苦苦挣扎。

但是随着危机的出现，我们最终没能占领这片蓝海。

危机出现

随着项目的进行，我们的盘子铺得越来越大，和资方的矛盾也越来越凸显，危机开始出现。

首先是投资理念的危机。在不断接触中，我们发现资方是很沉不住气的，他们总想用挖煤的心态做农业，你今年来3000亩，明年恨不得做到10000亩。投资前期没有树立正确的投资理念，缺乏完善的投资思路和良好的心态，投资过程中急于追求投资回报率，有限的资本相对分散，形成了各自为战的局面，企业内部没有形成有效的沟通机制，多元化经营最终导致发展基础的不稳固和方向的偏离（最后集屠宰、种植、养殖、水饺、腊肉、香肠等于一身，不专注主业，很快就形成了经营短板）。事实是，中国的创业环境整体风险大于机会，即创业企业的成功率历来很低。创业艰难百战多，任何企业都并非能随随便便地成功。企业因小而美，商业不外乎智慧、希望及勇气的综合体。正是基于资方投资理念的偏差，巴山农夫这个项目才注定走向失败。做项目时正确、精准的定位尤为重要，怕就怕做了错误的定位，而企业的资源仍在根据这个定位做配置。

其次是基地管理的危机。

因为前期规模的扩大，我们3000亩基地，约2000亩是自己的，有近千亩是通过流转而来。老百姓按照我们的要求和标准在流转的土地上种植，我们负责回收。恰恰在种植和回收环节上他们就会做假，给我们带来了极大的管理难题。

如果我们严格控制亩产量，我们的标准是一亩3000斤蔬菜（常规可产7000～8000斤），可实际的种植过程中，老百姓为了获取更多的利益，会施化学肥料加大产量。因为面积太大，没办法全程监控，我们回收时同样增加了难度，品质上造成隐患。如果不回收，他们就会按协议告我们违约，甚至会拉帮结伙到公司围堵，更甚者还会去政府门前上访。在基地种植和回收环节方面，我们吃了不少苦，也吃了不少亏。我们自己的基地也是面积过大，人力成本相应增加，请的农民觉得反正有人给他开工资，劳动中就很懒散。这是在地里干活，不像是在工厂里，你没有办法天天监督、时时监管，这个就搞得很恼火，谁也得罪不起。

另外，我们山区做农业，还是看天吃饭的时候居多。比如去年的雨水多，有一段时间下了一个多月的雨，采收的时候又晴了一个多月，这对蔬菜的品质肯定有影响，但是环境是最没办法改变的。

然后是物流运输的危机。目前的冷链物流十分不发达，这也是新鲜农产品异地销售面临的最现实的困难。我们物流“外包”给了第三方，就是比如有从北方去南方的冷冻车，一般回来的时候是空车，我们就联系这些公司，告诉他们什么时候什么地方需要几辆车运到哪里，然后他们就装上货物顺道回京。

虽然我们死死要求司机严格遵照约定全程冷链开启，但是司机往往会在中间赚外快，比如他应该一直开着空调，但是在中途关了5个小时，实际上我们是付过这个钱的，节约的油费就归司机所有了。从基地送到北京差不多要22个小时，我们在卸货的时候蔬菜就会或多或少受到影响，猪肉真空包装有的也会涨袋，人为导致了质量无法保证。蔬菜货损率平均达到40%左右。相对稳妥的做法是自己组建物流车，尽管前期投入大，但如果决心扎根农业，这个投资是必然的，也是一次性投入。

最后是市场宣传的危机。一方面，资方的资金没有履行诺言全部到位，这就打乱了我们预定的市场计划，很多必要的工作无法正常开展。包括像人员招聘方面，公司形成了如此大的盘子，我们只有十几个人的小团队运营，很多时候人手不足，十分吃紧。

无论是多利还是正谷，他们均是庞大的团队在执行，以目前规模有机农业做得较好的“云南好宝”为例，已在北京一年多的北京办事处就有员工100余人，不过每月的平均销售额不到100万元，足以说明生态农业这个行业的现状和发展困惑。品牌宣传方面同样如此，我们的预算迟迟到不了账，很多时候就全凭之前积累的媒体关系请求他们的无私帮助。因为农业领域缺乏品牌意识，我们需要通过一些宣传手段去影响消费者心智，靠更好的认知取胜。

尽管我们通过前期的产品推介会、记者研讨会、餐饮食品安全会、大范围的定向“试吃”攻势等一些列活动，加上产品的独特优势借助线上（微博、微信、官网、淘宝等）和线下口碑传播，达到了阶段性的品牌传播效果，使巴山农夫在北京小有影响力，品牌价值也已显现。但是，仅有这些是不够的，从去年8月以后，我们的基本宣传计划处于半停滞状态，线上线下均没有做相关传播，这对品牌的连贯性传播极为不利。

巴山农夫从立项始就面临时间紧、任务重、投资少、期望大的局面，即使我们有浑身解数也难以在短时间内应付，何况我们的阅历和经历相对有限。

因为规模的跨度，是需要企业资源系统做配套支持的，这个资源系统包括战略决策系统、管理系统、市场认知系统、财务系统、人力资源系统等。在北京的实际运营中，这些方面都非常的缺乏和不足。如果当初的规模不那么大，有限的资金用在刀刃上，应该会发生聚焦效应。

经验教训

资方一方面因为自己的核心业务出现了拐点，一个是它的煤炭，一个是他们当地的地产，另一方面他们没有耐心等待农业的长周期回报，所以在去年底即决定停止巴山农夫的运营，据说现在已经处于停止状态，有可能打包卖掉，它现在卖是最好的出路了，而且手里的基地还是不错的。

我们两个核心管理层先退出，随后基地负责人和北京的团队开始解散。在生态农业里摸爬滚打一年左右，无论资方以何种理由做出了决策，我们以阶段性失败告终，但痛并快乐着，我们既多了一份刻骨铭心的经历，也得到另一种收获和成长。虽然项目突然停了，去年一年至少没怎么亏，因为前期的投入比较大，而且品牌价值已做在那里了。去年如果说把猪肉做成的话，整个营收还能盈利，我们是做过很严谨的预估的。

关于这个新农业，我总结为一定要接地气，不要花拳绣腿；一定要沉住气，不要急功近利；一定要大气，不要斤斤计较；一定要有勇气，不要眼光短浅。做新农业，不是搞工业化大农业，不是工业化的现代农业，因为这样的话品质是个问题。如果做这个生态农业，只要做就要注重这个品质。

农业这个东西是一个非常专业的领域，建议不要把农业随随便便当作创业的方向，也绝非是所谓屌丝首选的创业项目，逆袭的故事也许只有电视里有。做农业必须要有敬畏的心、感恩的心，民以食为天，切不能当儿戏。

比如一开始我们想在富硒里面做一个标杆，因为硒缺少会引起很多疾病，一了解发现东北也做河北也做全国到处都在做，这个品类就非常乱，这时候我们就需要拨乱反正。起初我们对硒基本上是一窍不通，我们就去参加两年一度的硒微量元素的大会，请专门研究硒特别牛的专家当顾问。逐步地了解后越发意识到做农业的专业知识太强，拿硒来说，在欧美明令禁止把硒叶面肥喷到植物上，因为这个转化成了亚硝酸钠，植物吸收不了，人体吸收了以后就转化不了成为致癌祸患。另外这个硒有四十多种价态，把不好的剔除出去，把好的留下，转化成人体可以吸收的有机硒，真正人体吸收后极为有利，说容易做就太难了，这些都是非常专业化技术实施的。所以农业就是你真的钻进去的话里面大有文章要做。

包括我们做猪肉也是这样，比如说现在工厂化饲养猪，为什么说这个猪肉没有味道了，没有肉香，都是因为厂家唯利是图，不考虑品质，与经销商层层分剥后给猪用饲料催肥、注入水分、添加瘦肉精等，一般三四个月即出栏。而我们这个猪为了口感和品质，育养加放养至少十个月以上，这都需要增加粮食、人工成本和在养殖过程中饲养员的精心照料，心急吃不了热豆腐，好猪肉是不可能轻易就出来的。

如果有投资方介入，一定不要被对方抛出来的橄榄枝蒙蔽了双眼，更多时候要谨慎谨慎再谨慎，要看清资方的背景以及资方是不是真的有魄力。对方开始前都会说得很务实，显示出他们的决心，但是很多时候在实际过程中就会发生变化，因为农业这个东西做概念真的很难，真正的机会只给愿意求真的务实派。

比如一开始我们与资方的理念就是有冲突的，他们希望我们去做大农业，而我觉得我们要做真正的好产品，做一个没有的新品类。包括我们以前的5100，它是冰川水，这个是新品类，就赋予了它一种独特价值。如果一个品牌不代表任何意义，那么它就是没有价值的存在。

这几年转行到农业领域的人特别多，特别是煤老板和房产商，这部分人全是感觉农业这个行业发展很好，都想去圈块地，去搞农业搞养殖，他们就是认为当土豪很流行、很好玩。

还有一个就是在具体执行当中，目前懂农业的专业团队太少，很难找到合适的人，大家都是在摸索，都是跨行业玩。我认为农业的前端很重要，你前端没做好，你营销做得再好，也没用。当然，能把整个产业链的端口都掌控好那就是很牛的，像褚橙一样。

现在这个市场就是好东西不一定能销售得出去，好东西是一方面，另外一个就是营销。故事营销是很重要的，引爆这个营销的手段很重要，把本来就很好的东西做得更好。假如我们还在做的话，我并不能保证这个农贸市场就是对的，这个还是和群体的消费习惯有关系。现在其实是一个矛盾体的存在，一方面说我们感觉产能过剩，卖不出去东西，但另一方面又是我们想要的好东西买不到。其实真正好的还是少，正因为好的少，所以才有褚橙这样的东西出来，如果褚橙没有好的基因，它怎么去包装也没用。

再一个就是销售方面，现在大家都流行往北上广扎堆，我觉得这个战略营销是个误区。虽然我们在做的过程中有一定资源的结合和支持，但我们做得很累。我有一个高中同学，他玩一个特定的东西，就是萝卜，而且就走重庆的批发市场，统一地批出去，去年就靠这个单品赚了几百万。这个农产品靠这个特定的渠道、特定的方式就可以做到赚钱，那么我们非要都挤进北上广的高大上地区吗?

在农业上的认识，我还认为应把农产品变成快消品去做。农业就是快消行业，农产品全是快消品。快消品更多地讲的就是它的快，快的前提一定就是你的营销快、周转快，然后就是它的品牌打法，一定是随时变化的。现在绝大多数人还是按照传统的思路在做农业，包括我们一开始也是这样，为什么我要去走这些传统的渠道呢？因为这个渠道是我相对来说熟一点的，能给我保障。像上面提到的商超渠道为什么没做呢？这不是不做，而是我觉得时间还没到。你一没有品牌力，二没有影响力，所以这条路就需要先放一放，只能通过其他方式去做。

按快消品的方式还有一个是品牌推广要跟上，依照新品牌来说至少要30%左右的推广费来保障，因为快消的最低成本是在25%以上，这是个临界点，如果你达不到这个，做品牌就是妄想。我估计现在所有做农业的企业都没达到这个标准。

按照我们分析巴山农夫的失败原因，其中最核心的一环就是规划不合理，贪大求全，这个直接影响到市场开拓的进程。如果你听到说，做生态农业规模很大的，那绝对有问题。因为只有小范围才能做精致，而且你规模大了一定是按照工业化的流程去操作，那这个东西还谈何生态呢？所以这个血的教训一定要切记。现在流行轻资产型模式，你做到小而美的话对于传统的农业也就是变相的轻资产企业了。

大家都知道，农业是下一个很强劲的领域。关于未来新农业的方向，我觉得选择在农业领域创业的朋友，可以考虑私家农庄的定制模式，基于点对点的一种P2P农业，去年我们团队与君联资本沟通过类似的项目方案，对方非常认可，只是因为一些细节最终没有达成共识，后来也就不了了之。

纵观中国农业，会发现在城镇化大潮背景下，现代农业的出路已经显而易见了，或许P2P模式可能才更符合生态农业的本质。做好中间的品控，做好现金流，做好服务和物流，这个模式就是很新款的一种模式，相对来说管控也很简单。如果这个模式批量复制开来，很有可能改变传统农业的市场。

下步计划

我下一步的创业方向就会考虑从这方面入手，但即将要做的事情是专注传统豆制品市场的O2O和产业链条体系的打造，从源头上抓好大豆原料的质量。为生产高品质豆制品提供优质原料已成为大豆食品工业持续健康发展的关键问题，因此，在豆制品渠道构建的同时更应该开发得天独厚的恩施富硒土壤资源，建设生态、富硒的大豆生产基地。

文/原巴山农夫创始人 董生辉

点 评

天地壹号饮料股份有限公司董事长、广东壹号食品股份有限公司董事长/黑马营导师 陈生：

2014年猪肉行业只有一个话题：猪价狂跌。这是多年来生猪行业亏本最严重的一年，养殖行业哀鸿遍野。但殊不知，几年之前，猪肉价格上涨、生猪产业利润丰厚之时，不仅有顺鑫农业、大康牧业、新希望等主营农畜牧业的公司先后进入养猪业，一些原本主营业务与养殖业完全不相干的互联网、科技公司比如网易、联想也纷纷涉足，甚至还有钢铁行业和煤炭行业也摩拳擦掌，使得原本普通的养猪业一下子成为众多公司眼中的“香饽饽”。

然而几年过去，受到猪周期影响，2014年养殖企业全行业亏损，由此可见，农业并不是一个能快速发财又低门槛的行业。

但是，董生辉的巴山农夫最终失败，猪周期只是一个背景，他还有几个没有解决的问题，造成了他最终的败局。

与生命打交道需要时间。

董生辉从西藏5100出来后，直接扛着3000万元的投资冲进了农业领域，这本身来讲是一件跨度很大的事情。

因为在农业领域里成功的企业如温氏，还有上市的雏鹰、牧原，都是从几十只鸡、几十只猪开始的，盘子不太大的时候可以有机会和时间试错。而农业是和生命打交道的事情，它需要时间去历练。一方面，农业并不能完全像工业化流程那样，可以做到高度规范，操作时通过内容规范手册或者培训就能掌握整个生产流程；另一方面，在和农民打交道、设计制度方面缺乏经验，也会给生产成本和生产质量带来很大影响，所以外行进入农业行业想快速发财，在这个行业里基本行不通。

既不聚焦也没有做全品类，失败概率大。

没有任何农业经验，想要进入新农业领域，并不是没有机会。比如刚开始投一两百万，可以给你机会慢慢试错，成功的概率会大一点。但是对于做青菜做猪肉，我的建议是如果不能做到全品类，那就要聚焦。

因为全心全意去做一件事情，好过同时做两三样去分散你的精力。如果有充足的资金做全品类，能解决家庭需求也未尝不可。但就董生辉的投资方来说，他们必须在项目上马前跟投资商沟通好，农业不可能像煤炭产业，今天挖出来明天就卖掉，不需要溢价，不需要品牌培育，也不能多点开花，想做好几样东西；如果一下子投进去看不见任何希望就撤资，没有沉下心来，准备用几年时间来聚焦一个细分领域，很难持续发展。

品牌农业看起来很美，做起来很苦。

现在都在讲新农业，讲做品牌，但事实上，农业品牌多以失败告终，甚至比别的行业失败率要高很多。大家都认为农业应该做品牌，然而品牌培育和溢价需要中长期的时间，农业更要预估好几年的亏本时间。从这点来看，工商业的经验却并不见得适用于农业，反而是做原材料的、做技术导向和成本导向出身的企业活得非常滋润，光依赖品牌就能赚钱的想法在这个行业实则很艰难。

从中国农业发展的历史来看，农业的运作向来缺乏营销的土壤，没有过真正的市场营销性的经验积累。

现在大量新农业品牌冒出来，等于从零开始，很多其他行业积累起来的营销性经验感觉，未必能很好地适用到农业范畴。所以，从品牌运作的角度看，这既是一个全新的领域，蕴藏很多机会，但同时，要把这种机会转变为现实的收益，又是一个需要花很长时间摸着石头过河的过程。

天图资本高级合伙人、首席投资官/黑马营导师 冯卫东：

本案例主要失败在战略规划以及投资者关系管理上。

在大树网的点评中，我已提及关于品牌的常识。品牌要向顾客回答“你是什么”“有何不同”“何以见得”三个基本问题。“巴山农夫”这个品牌不可能既代表“黑山猪肉”又代表“有机蔬菜”。并且，由于不懂品牌，所以起名字时就会贪大，以便为将来的扩张留下空间，但这恰恰削弱了品牌的力量。

品牌的“定位反应”（即让顾客一听就知道你是什么）越清晰越好，就像天图投资的“周黑鸭”（这是我们投资过的最强大品牌之一），一看就知道是什么，很容易形成专家型认知。

如果确定做有机蔬菜，“巴山农夫”就不如“巴山菜农”，如果确定做黑山猪肉，“巴山农夫”就不如“巴山黑猪”（能否成功注册则是另一件事）。当然，“巴山农夫”虽然有贪大之失，但也还算一个过得去的名字，真正的问题出在其战略缺乏聚焦。

同时进入养猪和种菜两个领域，是巴山农夫最大的战略失误。除了前述品牌常识（进入不同品类需要采用不同品牌）不支持品牌跨领域，而且在运营上猪肉和蔬菜也是两个完全不同的领域，需要的运营体系和核心能力完全不同，很难在一个企业中有效共生，更别提在一个创业企业中共生。

更重要的是，创业企业的资源能力不支持同时做两件事，这违反了商战中最基本的“兵力原则”。

另外，巴山农夫在自己的2000亩地没有产生效益之前又去流转农民的1000亩地，进一步拉长战线分散兵力固化资源，使运营管理更加复杂化。案例中巴山农夫为猪肉和蔬菜的养殖、种植、物流、营销、研发分兵作战，疲于奔命。

另一个重大失误是，巴山农夫没有选择就近的市场如武汉或重庆作为根据地市场，而是选择了千里跃进北京市场。

增加物流成本还是小事（从案例中来看物流相关成本并不算小），最不利的是增加了管理距离。创业试错期需要一把手亲力亲为、在一线观察和决策，一把手的时间是最稀缺的，管理距离的扩大必然导致一把手的有效时间减少、管理效率下降，在创业初期的企业中一把手脱离一线常常是致命的。

创业企业除了要有试错意识外，还需要“根据地意识”。

初期聚焦在根据地，一方面可以降低管理难度和试错成本，另一方面在根据地获得成功后可以建立品牌最初的声望和势能，对于进入下一个区域有利。

最后但并非最不重要的失误，是对合作伙伴的不正确认识。创业者一定要把在手的钱当成“唯一的钱”来规划使用，不要把预期的或承诺的钱当成在手的钱来规划使用。

预期和承诺无论在当初看起来多么确定和真诚，都是基于当时形势和认识的，而创业试错期的一败再败足以改变合作伙伴在初期给予的任何预期和承诺。既然在手的钱就是唯一的钱，试错又是无法避免的，那么，不要一次投入所有兵力而要保留再试一次的资源，就成为试错期的基本原则。

同时，创业者也需要为企业积极筹措新的发展资金，但永远记住，只要钱还没有到账，就可能永远到不了账，一定要有靠自身积累滚动发展的两手准备，千万不要基于预期而大干快上，结果万事俱备，只欠东风，把自己置于尴尬被动地位，甚至一分钱憋死英雄汉。

试错和滚雪球，是创业企业把握战略推进节奏的两个要点。

第 5 章 创始人的自我救赎

创业就是一个或者几个叫创始人的人自我或者一起炼狱的过程。本金花完了，收入没有或很少，投资人不愿意继续投入，发不出工资，被人追债……所有能想到的不能想到的“坏事”创始人都会遇上，创始人的胸怀在种种的委屈中“撑大”了，这就是创始人自我救赎的过程。

1.别拧着自己，也别拧着别人

试错人：李宁
项目名称：唯礼网
主营业务：礼品电商
试错时间：2011年11月—至今

这家叫唯礼网的垂直电商一度裁员至7人，创始人也经历了一段濒死体验。公司没垮，垂直电商濒死者的心路经验是：别拧着自己，也别拧着别人。

在毕胜2011年11月抛出“电商骗局论”前后，李宁（不是前奥运冠军那个李宁）创立了礼品业垂直电商唯礼网。毕胜关于电商成本比线下成本高太多、不可能挣钱的言论在圈内引起轩然大波，但李宁并未及时捕捉到电商圈、创投圈对于这门生意的新认识。

他慢了，李宁当时仍认为，把支出、冲量、再融资、再循环的“成熟”打法复制到礼品业可行。这个时间点，电商圈的所谓成熟打法事实上已然失效。

唯礼网对这套打法未必没有怀疑，毕竟到2012年上半年，至少媒体人营造出了电商是个大败局的氛围，但李宁仍在既定打法上渐行渐远。李宁回忆说，自己也拧着自己，相信自己内心有所怀疑的东西，这就成了包袱。

但李宁又慢了。既然不相信自己内心的声音，那唯礼网就只好拼到头破血流才开始转型。作者事后诸葛亮地说一句，为什么创始人此时的决断不够有力？因为侥幸。李宁仍对融资支撑电商的打法心存侥幸：我是特殊的，我能从焦土战中幸存下来。

但他没有。后知后觉的中国VC不投电商了。李宁说，别觉得自己就是那万中之一，别拧着大势走。此前的电商打法积攒下的后遗症在2012年夏天开始爆发，唯礼网与招来的中高管、合伙人痛苦地分手，李宁还找不到新方向。它从80人左右的团队裁员至7个人，李宁一度感到绝望。

创业者作为个体的人，如何度过生死时刻？李宁的回答是，朋友很重要，身、心外出的旅行很重要。以下为李宁的自述。

心中的猛虎

有些路，唯礼网没有看得很实就开始往前冲。所以2012年那段时间，走的都是些泥潭。

我们是2011年年底成立的，领投我们的是浙江一家礼品行业的龙头，算战略性入股我们，好望角等是跟投。投资人总共投了差不多1000多万元，算我们的天使投资。我们线上线下、直销分销业务都有。直销就是开发企业客户，分销是我们给全国礼品公司做服务，还有一块是电子商务。

当时分析，我们的股东有很好的资源。去年我们的团队配置还是很豪华的，比起礼品册公司来说有一定的优势。然后，我觉得我们进入的时间还比较好。那时候还是电商的时代，所以我们想快速把量冲起来，到下半年的时候再融一笔钱，把业务做得更扎实。

我们当时按电商的玩法，低毛利抢占市场，销售成本很高。仓储、物流成本倒占比不多，主要是广告成本，每个月几十万。由于业务线铺得比较宽，所以整个人员数涨得很快。到2012年的二三月份，我们已经是七八十人的规模了。我们的团队配置费用也很大，当时一个月的人力成本六七十万，维持了七八个月。

现在想来，你一定要提前半年到一年知道趋势和变化，不能等到那个时候你才去感觉。电商不挣钱，大环境有了很大的变化，我们没有及时地捕捉到。而且那时候我们还抱有侥幸心理，觉得路不对了还得走下去。

这就是心中的猛虎，觉得自己是特别的，觉得我们还是能拿到钱的。

2012年下半年我们融A轮。其实在六七月都谈得挺好，好多大的投资机构我们都谈过。到八九月他们说决定不再投电商项目，彻底不投了。

我知道我们的路走不通了。大量支出，冲高销售额，获得好的估值，然后再融资保持增长——这种模式已经不可行了。2012下半年的时候，整个行业不是前几的电商就很难拿到钱了。唯礼网还有现金，但那个路已经走不通了。

不要拧着趋势，不要觉得自己是幸运的，不要有侥幸心理。2012年我其实有点绝望，拿了一副牌，一副必败的牌。绝望的时候我想，路在哪？但是我还得打下去。

创业者的痛苦在于，那个状态下，在公司你还得信心满满。但你一旦静下来的时候就感觉到这个路走不通了，探索转型又需要代价。资金链是正的，但如果不迅速地缩减人员的话就留不下什么钱。

要么就降薪，要么就裁员。8月，我们就开始把电子商务那块逐步关掉了，只保留线下直销和分销的渠道。大概是10月，我们把直销也砍掉。关掉电商少了1/3多员工，关掉直销也少了1/3。团队基本上是我一个个招进来的，我再一个个放出去。

最少的时候，唯礼网只剩下7个人。

黑马营的兄弟

放出去的过程又有很多矛盾。矛盾有浅的，比如员工的离职；有深的，高管的离职；更深的是有些合伙人的离职。合伙人有股份，高管有期权，我是大股东。股份比例虽然有点悬殊，但我觉得大家都是合伙人，你们应该跟我一样，对眼前的利益看得很淡，会不计回报地争取未来的机会。他是股东，他可能会想我怎么先保证我自己的投入能够收回来。而我自己的感觉是，这件事情我们愿赌就要服输。输了就输了，做事可以失败，但做人不能失败。

我后来跟投资人说，一部分相当于公司回购，一部分我自己贴，让他们也套现。

有的人不能承受这样不好的结果，所以，当时冲突还蛮大的。

我在黑马营认识了很多好朋友，因为都是创业者，所以我们可以聊得比较深。他们跟我说如果医生告诉你明天你要死了，你会是什么心情？我告诉他两个字：解脱。他们说你太纠结、太拧巴、太痛苦，建议你把东西都放下，出去走走。9月份，我们去了内蒙古。

中俄边界有条河叫通天河。我们在那边漂流。水不冷，很干净。我水性特别好，把救生衣扔了下去游。游了半个小时没力气了，想回船里，这时乌云、大风突然就来了。水推着我不断地往下走，风吹着船不断往上走。我觉得无力，怎么都游不过去。我就开始喊救命，他们开始觉得是玩笑，后来发现是真不行了，开始扔救生圈。扔什么都被逆风往回吹。这边是个远滩，另一边是个悬崖，船离得很远。他们喊，谁都听不见。当时我觉得我是不是要死了，然后我想，死我也得拼一把吧？我就继续游。

游的时候他们几个哥们儿还是挺靠谱的，两个兄弟跳下来救。他们跳下来给了我很大的勇气。在那条船上，我结了很深的朋友跟兄弟。我最后活下来了。他们开玩笑说，大难不死涅槃重生。

又开车往前走没多久，前面的车说撞死了一只鸟，他们在车上很开心地说到底是烤着吃还是煲着吃。我突然感觉，我没死，那只鸟为我死了。我觉得很难过。我跟哥们儿说想把它葬了。走着走着我们停了下来，找一个小山坡把鸟葬了。葬了以后我觉得很心安。看上去一望无际的草原特别美。

从那以后我觉得一切事情都挺好的，我获得了解脱。

我是不对的，所有的事情核心在于我的心态和感觉是不是对的。比如，人注重利益的长短是不一样，每个人对这种绝望或者无助的反应不一样。所以，你去要求别人愿赌服输是不对的。创业者是要对自己反人性，但要尊敬每个人的人性。你不能要求它，要尊重它、顺应它，才能利用它。跟自己的内心和解，顺应自己。不拧自己，不拧别人，要顺应别人。

2012年，我31岁。我对生活又充满了期待。活着就是一种幸福。

小反转

我的投资人很好。他（蓝芙礼业董事长徐文广）没有插手任何一件事，他说钱投出去就当没了。我北京的投资人也很好。我去跟他道歉，说之前做得很不好。北京的投资人跟我说：你还有没有信心？有信心我们可以继续投。我说我们是要把事情落地，让企业有价值，后面的事我们再说。

电商没意思了。不走电商的路子似乎也可以往前走。之前我们在高端会所、酒店那边就有很多关系，但是没有去深挖。

2012年10月份把人裁到只有7个人的时候，我们另外的团队在意大利、香港、成都铺设团队。到2012年年底，我们基本确定了想做高端送礼管家的方向，真正开始运作大概是过年前。

我们不瞄准白领，我们关心的是给政府、企业高管送礼的人群。我们瞄准的是在二线城市核心地段开店的人群。比如说你是一个企业高管，今天某个好朋友过生日，你要给他送个比较高端的东西，怎么送？不能再是以前饰品、贴牌产品、红酒等价格很不透明的这些了。我们现在有3000款从意大利直采的奢侈品存货。

你也不需要去专柜买。我们的买手团队会去意大利找到一些适合国内的、适合送礼的，我们的App可能会给你挑出来十款应季的奢侈品现货。黑马营的很多同学就是我们直接的客户：他们可能马上要送一个人，我们会定时定点给人送过去。

我们这次是完全走渠道，一部分是全国的特卖会巡展，另一部分是针对全国礼品公司奢侈品的分销，给全国礼品公司做奢侈品供货。现在没有电商广告。唯礼网会有一些精准的广告，可能不算电商了。我们追求的是20%的毛利、大面积出货。我们第一个月销售额一百多万。我觉得到半年的时间，每个月做个三四百万是可以的。

对于现在公司我感觉很好。我让每个人的自私都能在一个框架里面变成公司努力的方向。我们现在很多新成立子公司的模式是，你是主要股东，这块业务你们来把控，利润你拿大头。

我现在做起来特别舒服，不管别人说什么，公司的布局等等的做法，我可以顺从自己的内心去做。

文/和阳

点 评

E店宝创始人/黑马营师兄 陈涛：

顺势而为，借势而起，是众多成功企业发展壮大过程中的必然轨迹。一些企业家坐在势头而不自知，感觉成功来得莫名其妙，却不知时势造英雄。逆势而为，不能说完全没有成功机会，但过程一定是痛苦无比，需要付出十倍于他人的努力，才有些微成功的可能。

识势、顺势、借势、造势，是期待事业大成的企业家们的必修法门。对于唯礼网之前遭受的挫折，归因如下。

1．未能辨清时势。

电商以低成本甚至亏损来冲量融资的打法在行业发展早期赢得了风投的关注，但随着投资人对电商行业认知的逐渐深入，尤其是了解到冲量距离盈利还有很长的距离且风险不可控后，纷纷摒弃了类似的项目。而唯礼网在这个时间段采取了已经过时的打法，难以赢得风投的青睐，再融资成为了可望而不可及的目标。低价冲量后无资金再注入，业务就无法循环运转下去，但由于未能及时捕捉到这一趋势，唯礼网仍按之前的乐观预期扩大业务及团队规模，导致了后续的尴尬局面。好在创业者在最后关头及时醒悟，并未一条路走到黑，为之后的反转保留了机会。

2．没有顺应人性。

对于同一个创业目标或项目，不同的人必然有着不同的想法和预期。正如老板无法要求员工像自己一样为企业考虑（因为企业所有权不是员工的），创业领导者也无法要求跟随者都能像自己一样看待这份事业，只能从人性的角度充分考虑团队成员的利益点和立足点，才能让大家有更好的意愿和表现。唯礼网创业者在后期想透了这一点，并采取了对应的运营方式，相信对唯礼网未来的发展非常有益处。

安全宝创始人/黑马营师兄 马杰：

“天下，势而已矣”，我不懂礼品行业，但我看懂了“不拧巴”，这就是“顺势而为”。

选择创业方向有势，那就是雷军说的“风口”；寻找投资有势，那是市场行情；管理公司有势，那是大家的精神状态；顺势而为，事半功倍。

资深创业研究学者/黑马顾问 龙真：

礼品是一个高于行业和产品的存在维度，拥有很多的特殊性。因此，更要从人和需求的角度来谨慎地考虑这一市场，而非简单地照搬某一成熟行业的逻辑。

礼品是一个双边市场，一方面要考虑送礼人和送礼人的需求，另一方面要考虑收礼人和收礼人的需求。送礼人和收礼人又分为个人和企业，送礼需求又分为重情谊、重价格、重特色、重品位、重自由选择、重现金而非实物等多个维度。因此礼品从诞生第一天起，就是一个偏个性化的需求，而非标准化需求。想满足所有的需求只会导致人员、营销和库存等成本的大幅上升。

而唯礼网的问题，也正是出在了面向全而广的人群以及推出全而广的产品，付出了巨额投入，但在用户买单上却没有得到理想的结果。

在礼品经济里，是否采用电商形式，仅仅是满足上述双方需求的一个运营手段而已。押宝电商，仅仅是在运营手段上进行了一个革新，但丝毫没有解决核心的全而广的客户及需求问题。而且电商的成本确实也不低，它还没有及时转身，亏损是必然的。

转型后的唯礼网的做法回归了从送礼人和收礼人及其需求解决问题的本质。送礼人都是高端并且讲究一步到位的人，要送就送大家都公认为价格高昂、代表了品位的国际品牌奢侈品，价格公开透明，既表达了诚意又亮明了代价。而收礼人也是有身份地位的人，一方面对于国际奢侈品牌充满敬意与期待，另外又对送礼人付出的代价有较清晰的认识，从而快速决策是否接受以及怎么回报。这两种人群和需求都被精准地打中了，因此营销说服、人员、库存等成本也都可以大幅降低了。

送礼人和收礼人的人群和需求解决后，运营就成为了很简单的事：找到这群人就可以了。找到这群人的最好方式是由当地有资源的人去找，或者通过数据库来定点突破。因此，交给全国礼品公司做分销，以及精准广告、精准数据库营销就必然成为了运营的核心方式。

2.六间房的自我救赎

创始人：刘岩
项目名称：六间房
主营业务：在线直播
创业时间：2006年5月—至今

“那时候打折也融不到资，这个行业本来就是个‘喝血’的行业。”刘岩这样解释：视频网站当时没有清晰的盈利模式，带宽、服务器、版权等成本像个无底洞，所有的人都对这个行业没有信心。

也是在2008年，当整个视频网站行业都被认为没前途时，弹尽粮绝的六间房CEO刘岩办公室里坐满了债主。刘岩一副死猪不怕开水烫的样子：“你们要钱，我能理解，我有钱我也给你们了……”

现在，当这家公司的创始人刘岩说出“营收几个亿净利几千万”时，他轻描淡写，以致你马上会猜测他少说了多少。

“喝血”的行业，打折也融不到资

2008年11月，刘岩将六间房的员工从250人裁到约60人，每天一上班要处理的烂事就是跟债主“死磕”。债主在办公室不走，他也照样心安理得地办公；债主告到法院，他苦口婆心地劝说，如果让六间房死了，你们的钱大部分要不回来，因为裁员时六间房已把现金大部分补偿给了员工，“所以你看我们裁员没有人骂我”。

六间房最大的债主是带宽和服务器供应商，比如蓝汛。这些供应商在2007年视频网站行业最火之时，给优酷、土豆这些视频网站付款账期是3～6个月，视频网站可以先使用带宽，费用延后再付。刘岩回忆，如果当时全部清算完这些费用，六间房马上关门。

“那时候打折也融不到资，这个行业本来就是个‘喝血’的行业。”刘岩这样解释。视频网站当时没有清晰的盈利模式，带宽、服务器、版权等成本像个无底洞，所有的人都对这个行业没有信心。

要命的是，刘岩和他的投资人一开始没搞明白这一点。六间房是中国最早以分享视频短片为概念的视频网站之一，2006年因为手握有《一个“馒头”引发的血案》作者胡歌等草根作者，它曾一度是中国最大的视频分享网站。刘岩和他的天使投资人都认为，视频网站是一个拼创意的行业，只要投入几百万美元即可。

这段辉煌历史很短。2007年，从六间房开始，所有视频网站都通过“专辑”的形式，让用户以5分钟左右的长度，将更长的电视剧、电影等上传视频网站，视频网站流量一下刹不住——用户看一集电视剧就是几十分钟，IP和PV跟新浪等以图文为主的网站比又非常吃亏，“这个成本完全是荒诞的，所以我们怎么办呢？2007年我们说‘我们跟’，那时候土豆开始用其他方式大量做长片。”刘岩说，长片实际上就是短片的连续播放，没有任何技术含量，但它颠覆了整个行业，原来大家都是做视频分享，后来都变成电影站了。到2008年，优酷、土豆等又开始比拼谁的长片做得更流畅，虽然有CDN加速等手段，但要想做得更流畅只有花更多的钱买更贵的带宽，“你要让北京的用户觉得爽，只能买比偏远地区贵好多倍的北京地区的带宽”。

从2007年下半年开始，刘岩终于相信这是一个需要砸2亿美元才有可能胜出的行业。“这在当年不可想象，一个细分市场2亿美金砸下去，感觉花这钱太罪恶了。”古永锵等投资出身的视频网站玩家开始按照“冷冰冰的”资本玩法去融第二轮、第三轮，拿的全部是基金的钱，而刘岩和他的投资人则摇摆在跟还是不跟的中间，难受。

“有人去做电影，其实当时我们已经觉得挺慌的。”刘岩说，跟不是，不跟也不是，“这个东西也看不到未来。”

不过，2008年突如其来的金融危机反而让煎熬中的刘岩和投资人解脱了，只是有些残酷。

六间房的转型

这种情况下，刘岩决定关上门，好好干活儿，“我把人分成两个团队，一个继续做传统业务，养活大家，另外一个很小，大概五六个人，找另外的水源。”

他决定让他的小团队试试直播，“我一直想做直播，但一直跟优酷、土豆打，腾不出手来。我们曾经给奔驰的新车发布会做过网络直播，因为网上受众多，奔驰觉得特值得，给了我们几十万元。当时相比之下这是小业务，我们没有精力细做，这个时候可以了。”

这个小团队做过北京的路况直播，甚至还有猫的绝育手术，但很多人看，这样慢慢有了点社区的样子。2009年10月，六间房正式开始尝试演艺直播，这就是今天秀场的雏形。在他尝试的很多项目里，演艺增长得最快，而且用户之间有互动，刘岩比较看好，于是开始在直播的基础上构造社区。“有了用户，你就离钱不远了”，事实证明刘岩是正确的，六间房离钱确实很近。

“演艺秀场刚上线时，已经设计了简单的虚拟礼物，最贵的是100块钱一架的飞机，能不能卖出去，我也没把握。直到有一天，在办公室突然听到同事们大叫，所有人都扑到一台电脑跟前。一架飞机飞了出来，飞机做好之后从来没见人买过，让用户自愿地从兜里掏出钱来，那个感觉太好了。观众也都觉得特牛，100块，大礼物啊。送的人也觉得爽，接着送。当时没有做动画，也没什么美工，就是特丑的一张飞机图片，盖在屏幕上了。”

一切都在表明，刘岩的秀场项目发展得越来越好：“过了两个月，我们搞歌唱比赛，观众投票，礼物数量占一定权重。那个时候歌手群体已经开始分化成‘家族’了，就有人有组织地出钱支持歌手了，这引来了更强烈的竞争。那次比赛，当礼物通道最后1秒钟即将关闭的时候，一下子飞出700架飞机。这是2009年，我们当时就疯了！”谈到这时，刘岩有点激动，“我们那会儿那么惨，挣一分钱是那么难，突然1秒钟一张破图片卖出7万元，大伙儿振奋极了。那种感觉现在回想起来特别甜蜜，因为我们知道可以靠这个发工资了。”

刘岩自述：关系变现的商业逻辑

礼物后面是关系，比人们想象的更复杂，不仅仅是粉丝和明星的关系，还有社区里人与人竞争的关系。关系越复杂的社区，里面的可预期价值就越多。我跟高晓松聊这个，高晓松说是你们的创造吗。我说不是，这是老祖宗的一个东西。梅兰芳当年唱京剧，就相当于今天的王菲唱《传奇》，梅兰芳的主要收入也不是靠门票，而是台下老板们的打赏。高晓松说我再给你找一个，1000多年前唐朝的李白，那时候是第一大明星。谁会为唐诗花钱？内容套不了现。但是李白通过写诗出名了，然后他到各大饭馆吃饭不要钱。为什么？粉丝经济，关系套现。

我并不是说我们在5年前就分析了梅兰芳、李白，然后才做了这个。我们不具备这样的智慧，是一步步走到今天，先有了结果，我们才回来看到了这个。

开始我们想摆脱在线视频的困境，觉得通过直播可以做到。做了直播以后，发现用户同时在线了，社区也就自然存在了。社区里面各类的内容都有，但是慢慢都被娱乐淹没了，你发现唱歌跳舞就是有人看，唱歌唱得好就是有人听。然后人就越来越多，加上虚拟礼物的设计，里面的玩法和功能就越来越丰满，慢慢地就长成了今天这个样子。

我觉得为内容付费的时代在中国阶段性地过去了，内容直接套现已经不再是普遍现象。

关系套现是打破这个僵局的已知但还未完全验证的一个方式。不好说内容是不是真的不能直接卖钱了，也许有一天它还会回来，但在当下，我们不能逆潮流而动，得审时度势构造我们的商业模式。

我接触到的身边做音乐的那些人，每天还是抱着版权不放，生意都不好。美国也一样，大的唱片公司不景气，录音棚全面倒闭。我认为他们没有与时俱进，在以内容为中心构建整个商业逻辑的时候，延伸出很多错误理念。比如，做生意的人都知道，你要服务好你的客户。客户是什么？是付给你钱的人。现在的艺人经纪公司、唱片公司还是把艺人当成自己的客户，每天就是围绕着这些艺人，把他们照顾得好好的，所有的粉丝，所有真正付钱的人，却被拒之千里。他们期望用人为制造的神秘感来塑造明星，这离服务的本质越来越远。

更可怕的是像王菲这样的案例，在五棵松演唱完了，连个谢谢都不说。王菲是可以的，但是滥用这个，就导致艺人认为就是应该这样，我就是牛，实际上他们把客户关系弄反了，结果就导致他们不挣钱，全行业不挣钱。而我们的歌手很简单，不要以为他们不是歌星，周笔畅来北京开演唱会4000人坐不满，六间房的歌手随便一个二三线城市的小姑娘，一晚上两万人在那儿进进出出很正常。我们的歌手都知道你花钱你就是上帝，你是我的衣食父母，我理应说声谢谢，你送花给我，我还会说把你名字报出来，当着这么多人的面感谢你给我捧场，我每天的快乐就是因为看到你的花儿。人家这个话说出来，你就更有动力送第二朵第三朵。这是什么？这是服务，也是我们说的“粉丝经济”。在演出经纪中，不是说用户不愿意花钱，但花钱的方式已经在悄悄发生变化了，这些或许可以证明内容套现的时代真的过去了。

我以前做投资的时候，我们在北京十八里店投资了一个保税仓库，是一个美国特大的物流公司特许我们在中国经营。仓库特别漂亮，地板、货架都是世界一流的，上世纪九十年代的中国没有那么漂亮的仓库。每年美国国庆，大中华区的美国政府官员都是在那个仓库里举办国庆庆典，可见它漂亮到什么程度。

这个仓库太好了，所以我们那个公司做所有的东西都是围绕那个仓库做，让这个仓库里面的货物停留时间越长越好，因为这货物一拿出去，可能一段时间里它占的面积就没有人再付租金，仓库收入就降低了。他们所有的精力用于说服客户能搁一年就不要搁三个月，最好一年这个仓库都是满的。几年下来，那个公司赔得一塌糊涂。大家百思不得其解。后来我的老板开董事会的时候一语惊人，说你们把仓库炸了，公司就活了。为什么？你是做物流的，把货物搁在这儿，你一年才挣多少钱？你应该让这货物今天搁A地，明天搁B地，让它不停地倒，这个仓库赔钱你其他的物流服务才能挣钱。就因为有这么一个漂亮仓库，你们就老想着它，把这仓库炸了，就真成一个物流公司了。所有人恍然大悟，但是又不敢炸。

这件事对我们有很多的启发，我后来做很多事都会想，我现在手里最值钱的东西是不是我那个“仓库”？你媳妇特别漂亮，又特贤惠又特什么的，但是我告诉你她可能是你事业最大的障碍，因为你天天想回家，天天想跟她泡在一起。你把她休了，没准儿你的事业就好了。当然这种事儿咱们也不能干。

互联网时代，就是颠覆主流，老是守着那点儿东西，死的就是你。内容是有价值的，但是一切都以内容为核心展开业务，在互联网时代是非常危险的，越漂亮的东西你越要警惕。

做秀场的过程中，史玉柱早年曾经说过的一句话对我启发非常大。他说做游戏要关注非付费用户。那时候人们对游戏还不熟悉，他的话别人听不懂，我也听不懂。今天做六间房，我就特别理解史玉柱。他是什么意思呢？史玉柱说用户付费不是为了在游戏里面打怪，不是为了杀这个怪才去买刀，更本质的需求是，那些不付费的用户成为了付费用户的观众，你3000块钱买把刀耍起来有人看了。我们今天的秀场也一样，当一个歌手有更多粉丝的时候，付费粉丝的付费意愿就会更加强烈。没有非付费的上帝就不会有付费的上帝。

这是一个里程碑式的启发。你当着10万粉丝的面给我送花，跟当着10个人的面感觉完全不同，咱俩之间开始形成某种关系，我就有了明星范儿，我会说谢谢你，然后你再送更多的花儿回来，关系就越来越加深了，然后其他的人也会加入进来。我们给大家制定这样一个机制，他们在使用的时候找到了各自的感觉，彼此会再互相强化，最后就形成了一种大的消费氛围。

当然这要考验你的产品能力，要构建一种社区关系，这是基本功。

你要在这里面构建不同的阶层，每一个阶层的人都有他存在的意义和价值，而且都有上升到更高阶层的可能性。我们花了很多精力做这套活儿。服务好非付费用户，不是说弄几个客服就行了，完全不是这样。

我再也不做没有用户关系的产品了，太可怕了。今天爱奇艺买一新电视剧，原来优酷的用户就跟着跑过去了，这恐怕是今天优酷土豆模式最大的问题。

再比如微博和微信。微博还是一个传统媒体，以内容为中心的媒体，微信不一样，是建立在关系的基础上，是以人为中心展开的产品。所以微信必然分流微博或者最终把微博搞掉。我天天在秀场出没，看到有用户说六间房是史玉柱做的，我的心里会嘿嘿一笑。

回顾一下，进入我们现在所处的这个社交视频行业有两条发展轨迹，一条从原来的聊天室而来，包括YY、9158，一条从六间房这样原来做在线视频的网站而来。

2009年以前有大量的聊天室，最大的是腾讯、新浪。腾讯聊天室一度是腾讯的半壁江山。聊天是个天大的题材，但是到了2009年，由于种种原因，所有的聊天室都被关闭了。有一些小的聊天室存活下来，比如当时的新浪UC和更小的9158。

聊天室关掉了，但是需求还在，而且到今天需求也是巨大的。这样2009年之后就挤出另外两个产品来，一个就是今天的QQ群。不要以为QQ产生的时候就是QQ群，错了，QQ群是在聊天室关闭之后才长起来的，以前没人用，不是主流产品。再往后又有了微信，也是延续了当年的那套东西。另一个就是活下来的新浪UC、9158，包括YY。它们在这个过程中适应技术的发展，开始做一点儿多媒体化，加语音，加视频，但本质上还是做少数用户之间的沟通和聊天。在六间房秀场上线之前，传统的聊天室都主打10人房的模式，最大的房间也就100人，过了这个数就要分房聊天。

但六间房是做媒体出身的，我们天然地就会追求个别人表演、无限人数观看的模式。当我们把明星和观众的比例从1比10拉大到1比1000的时候，整个行业发生了裂变，大家突然发现观众会往台上扔花。这跟10个人时候的动机就不一样了，人们要在众目睽睽之下，比谁对明星的投入更多。这就必须要有个观众的规模，达到这个规模了，我们就叫它“秀场”了。开始的时候，我甚至都不想做房间，我们就是一个大的舞台，千万人进来。虚拟礼物不是我们发明的，之前在聊天室里就有，但“秀场”模式是六间房缔造的，今天它已经成为了一个很大的行业。

2009年的时候，有一些歌手从YY过来六间房。原来的YY社区是非功利的，不赚钱，他们到我这儿来可以赚钱。之后他们中有些人又回到了YY，向YY提出为什么不能像六间房这么做。当时YY并没想做秀场，也不太重视，但他们还是给这些用户开了个后门，用这个后门嵌入六间房的视频。这需要用户到六间房发起一个直播，然后把地址返回YY，YY破解这个地址后，就可以在YY的客户端发布出六间房的视频来。出了视频，一些歌手就留住了，但还是没有粉丝关系和荣誉系统。后来我就给它断了，再之后YY就找过来谈合作。我不觉得有什么合作的逻辑，铁定是竞争，咱俩摆明了就是对手。再之后他们就花了两年时间，照着我们的产品一模一样做了一套。

我当时认为YY面临很大的风险，因为它的社区本来是非功利的，用户做了很多时间和行为的贡献之后获得了高的等级，突然发现别人花10块钱就能买到这个等级，整个社区的价值观就崩溃了。但是YY转成这套体系以后，用户的流失率没有我预计的那么大，说明YY的产品和运营能力确实很强，值得尊重。这个行业的发展历史就是这样。再往下走，大家可能还会继续分道扬镳，不好说。娱乐和低俗永远很难分开，但是女主播穿吊带你就说她低俗，这不好说，我们要看她的言行。我们很严格地控制，有100多人在做实时的审核。我们有一套严格的规范，比如她的手不能放在她的胸上。我觉得到现在为止没什么出格的，出格的话我也不可能在这儿跟大家谈了。六间房是一个娱乐的网站，汶川地震的时候，别人把LOGO变黑就行，我们干脆就彻底把服务停掉一天。

我们不会沾惹色情。账是这么算的，色情挣不来钱，用色情的方式赚到我们今天的这个收入规模太难了。而且你违规后，有那么多政府部门在监管，我这个网站就不存在了，也别谈啥理想了。在真正的利益面前，为了一个视频，为了她露一下，太不值得了。

但今天的很多互联网服务确实都涉嫌“微妙”。不用怀疑，QQ和微信导致了今天很多家庭的解体，这是个事实，但我们不能因此就说它不是个好东西，那不是产品设计的初衷，中国的很多互联网产品都是在经营“微妙”的，这和美国的互联网真的不同，背后可能是文化的差异。腾讯的张小龙说，佛家讲贪嗔痴，做互联网，就照着贪嗔痴做，把人们的这些需求满足到极致就有人用。这个也不一定就是坏，人们在一个游戏里，在一个秀场里，把自己的另外一面释放得特别充分，他回到现实生活时会更加平和自然。

也因此，我们的互联网创业，跟硅谷非常不一样。在美国，人们的关系、需求简单，创业者就会从技术从功能出发去塑造一个产品、一个公司、一个行业。中国不一样，人们经常不是为了物品消费，经常是为了类似于关系这样的东西消费。

比如吃饭，在美国吃饭就是吃饭，中国一顿饭里的含义要丰富得多，跟不同对象吃饭的意味有很大不同。Youtube最初是为了视频分享，传到中国，就变成了比谁的观众更多，微博就变成了比粉丝量、转发量。美国的创业和中国就是不一样，但是应该看到，现在中国的创业跟几年前也是不一样的。10年前美国出一个eBay、雅虎、Google，中国就出一个淘宝、新浪、百度，这两年，360、捕鱼达人，包括我们，全都没有西方模式在先，我认为这是中国本土互联网成熟的标志。

社区产品有三类，分别对应着三种不同的身份。第一类是微信。你微信的朋友多数都是真实的，即使不用真实的名字，别人也都认识你，这就是典型的第一身份社交。

第三类比如新浪微博，其实是假实名，上面的人都认为自己是公众人物，是领袖，给别人讲理想，讲怎么做人，这时候其实他不是他自己，他自己都未必相信他说的这套东西。我两年不写微博了，因为我老给别人讲创业、讲理论，其实想想你生意做得有这么好吗？成天累得跟狗一样开发新产品，你还没到那个层面。这时候微博上的名字既不是实名也不是匿名，一个核心的词是“装”，也就是我说的第三身份。

六间房秀场今天做的是第二身份的社交。你的社会身份是带不到秀场来的，你得在这儿重新建立一个身份，在一个社区里面建立自己的威望、建立自己的等级，一点点爬上去。玩儿了半年一年成了老大，但没人知道他现实生活中是个什么人。游戏也是这样，但是相对来讲，游戏里人跟人之间的沟通是不够深入的。

当初讨论六间房是做匿名还是实名，我们毫不犹豫选择匿名。匿名才是真实名，人们在匿名状态下才是最真实的状态，才会说真话。我们在用户说明里会这样写：我们不鼓励你用真实的姓名，但是我们会坚持你用真实的性别、身高、体重、兴趣、爱好和谈吐思想。这个时候你说什么是真的什么是假的？这就不是匿名的问题，而成为了他的第二个身份，人生的另外一个角色。

我认为每个人到30岁之后应该给自己起第二个名字，因为你前30年是谁、叫什么，都是父母安排的，30岁后跟以前已经不一样了，大部分东西是你自己塑造的。你父母给你起的名字是“刚强”，你可能性格很温柔，那么这个名字就不一定适合你。人们有权利给自己重新起一个名字，但不一定都会去这么做，那么，在我们构造的社区产品里，你可以换一个名字做人，做你自己。我认为在与第二身份有关的产品后面，有巨大的市场需求，这不是因为它的假，反而因为它包藏着的真。

社区的构建要有一个等级体系。我们现在有几十个等级，每一个对应着不同的权限，它往上可以走，往下也可以走。要让每一个等级的人有荣誉感，跟上面比不足，跟下面比就很骄傲，他在这个社区里不起眼儿，但是到另外一个歌手的房间就可能是老大。要让每个人都有自己的位置，他既有荣誉，又有危险。在他上面的人可以欺负他，他也可以欺负下面的人，跟真实社会是一模一样的。你上面的人可以禁言你，或者把你踢出去。我在1万人面前送花是荣誉，你把我禁言、把我踢出去，那是侮辱。

我们的用户到了很大的级别我们还会给他另外一个功能，就是他随时可以把下面的一个小用户拎出来搁到屏幕上，让你半小时待在那儿。那真的就是一个很大的耻辱，你可以反击，反击的渠道就是往上爬。

用户建立身份的过程就是我们赚钱的过程。但是也不能太功利了，对社区的贡献方式有多种，上升不一定全靠钱。比如年轻人骚乱，你去劝阻，你就会慢慢积攒你的影响力，你以后还会对歌手有影响力，可以告诫他们不能在秀场抽烟、裸露。

人们在这里，有的感觉是现实中不可能得到的：很多高等级的用户进房间，是一辆劳斯莱斯开进来的，这时所有人都会山呼万岁，说老大来了。这样他每天都会来，即使只是露一面儿，晚上睡觉也踏实，这背后是存在感。

六间房秀场是一个复杂的可以自生长、自适应的关系体系。我们还没有做到极致，但是我觉得起码这里面给我产生钱了，起码用户每天在这儿玩儿了，他们在享受自己的身份带来的尊荣，或者忍受身份低微带来的耻辱，享受彼此之间的关系带来的快乐与苦恼，并且在苦恼的时候还不离开。我觉得这就是六间房的本质。

设立社区的等级让我们绞尽脑汁。

开始是1富2富，后来是伯爵公爵，国王最大，累计需要10万元，后来发现半年就达到了，就加了皇帝，30万元，很快也有了不少。然后大帝、神、众神之神也有好几个了。

现在他们又在构思“创世神”。我建议“创世神”完了改“平民”，因为“老百姓最伟大”，同事们都不同意。

文/卢旭成　徐利君　刘建强

3.零资金小团队的濒死经历

试错人：陈罱
项目名称：爱书课小组
主营业务：数字出版
试错时间：2012年7月—至今

陈罱，爱书客小组创始人，一位70后创业者，数字出版的探路人。他的团队从创建至今，一直没有投入过创业资金，也正因此差点死掉。他的濒死经历或许很有代表性，值得初创小团队借鉴。

以下为他的自述。

只有人力资本的小团队

我从2012年7月开始创业，当时我感觉传统出版一定会向数字出版转型，所以想与传统出版社合作，我们提供技术支持，帮助他们转型。我们的产品是一个HTML5可视化编辑器，通过这个编辑器可以让出版社很方便地做出富媒体的出版内容，并且发布到任何设备上。我们的富媒体优势也是与iReader、多看的区别。

我不想让我的伙伴在项目还没有看到希望时就投入得太多，所以我决定大家先以人力投入为主，所以团队从一开始就没有资金，这后来成了我们最大的阻碍。

在最初的几个月，我们都在全力做这件事，大家虽然没钱赚，但是每天都干到凌晨，当时我们已经搭建好了整个架构，把很多功能都模块化了，虽然没有变得可视化，但是已经能开发数字出版物了，也就是说可以把纸质内容转化成可以带视频、音频，可以点击的数字出版物了，于是我们开始联系出版社。

我们认为最需要我们技术的应该是基础教育市场，所以当时找了国内几家基础教育做得最好的出版社，和他们的基础教育分社领导见了面，都觉得数字化是未来的发展方向，也想开始有小规模的合作，当时我们充满期待，但是后来都没有消息了。

到了2013年3月，我们觉得项目推进太吃力了，前期投入了很大的精力，但是并没有取得理想的市场效果。这时候我们的设计师突然退出了，因为一直没有资金，也没接过项目，账上一分钱也没有，去外面找合适的设计师又很贵，导致整个项目陷入了停顿。

转型

因为没有资金，当时团队成员除了我以外全都是兼职的，开发的进度也很慢，在看不到希望时，有几个伙伴陆续退出了团队。我们人最多的时候，包括外围伙伴，一共有12个人，到这时只剩下3个了。

我们剩下的3个人决定坚持下去，这时我们见了一位投资人，听了他的建议后，我们决定开始接外包项目养团队，然后就开始各处找项目。在找项目时，我们发现在其他的领域有一些出乎意料的地方，目前与我们合作量最大、带来利润最多的几家大的客户其实都是传媒领域的客户，我发现对我们的Html5技术需求最大的并不是传统企业，他们并不像我们一开始设想的那样将会那么快地向着数字出版转型。

我在开始找项目后没过几天就接到了第一个单，这是一家国际上很牛的传媒集团，他们要做电子杂志，我们负责其中两个关键控件的开发。项目进展很顺利，我们两个礼拜就完成了项目，并且拿到了第一笔项目资金（数万元）。有了第一笔资金后，我招聘了一位全职程序员，平时就是我负责拉项目、做产品经理，主要的开发工作都由这位全职程序员承担。

然后我们的发展思路就基本确定了，就是利用技术优势接外包项目，保证现金流，另外接的项目一定是在我们自己产品的框架内的，在项目开发的过程中不断完善自己的产品。

反思

因为一直很喜欢出版，教育出版又是很大的一块蛋糕，大家都想分到一块，但是后来发现，这块大蛋糕并不是那么简单就能吃到的，因为这个市场本身是有自己的运作基因在里面的。所以我们做了很长时间也没有进展。

我觉得与传统出版社合作，有两个问题是我当时没有考虑到的。

第一个问题是传统出版的基因。我见的人是分社长，并不是这个出版社的大社长，没有最高决策权，而传统出版社的分社长因为两个原因不敢让这样的项目上马。

第一，像数字出版这样的项目，会动很多人的奶酪，比如传统印刷、排版，一旦数字出版发展顺利，他们就没饭碗了。

第二，数字出版在国内，过去都是转成PDF格式在网上发行，这样做的出版社、杂志社很多，但是都不能盈利，把纸质内容照搬到互联网上一定会死，这是大家现在的共识，但是因为以前这么做的人太多了，给人一个感觉就是，数字出版不能盈利。公司都是以营利为目的的，出版社也不例外，分社长让项目上马，这个项目一旦亏损，分社长面临各方面的压力会很大，所以他们不敢让这样的项目上马。

第二个问题是内容的改编。就像前面说过的，把纸质内容照搬到互联网上必死，所以必须对内容改编，比如录制视频、做美术设计，而传统出版社的现有资源很难完成这件事，他们现在赚钱赚得挺舒服，干这种事情就太费劲了，没有动力。

所以我觉得，创业者必须要对所在行业深入了解，知道它的具体的需求在哪里。很多时候我们可能看着一个东西火了，它不是表面上看到的，做出来一个东西很简单地就火了的，而一定解决了这个行业的某个痛点。但是这个点能不能挖掘出来，需要下很大的功夫，需要在这个行业沉淀很长时间。

最近有一个旅游产品融到了一个多亿，就是因为他们本身从事这个行业已经有十多年了，知道这个行业的症结在哪。他们的网站从2000年开始运营，直到2013年才推出了这个产品，这就是他们的沉淀。

因为我们在行业内的资源，还有对行业的理解程度都有欠缺，所以我们也不再把自己定位得那么高，而是从一些基础的服务提供开始做起。这么做一方面可以在行业内建立和强势资源的业务联系，搭建商业上的信任关系，也可以在给他们提供服务时发现，到底这些行业内比较大的企业他们需要什么，进而分析出这个行业内的用户他们需要的是什么。这种东西提供得越多，定位就会越准，而且自己掌握的技术资源，以及外围的渠道资源、客户资源也会越丰富，这样即使自己打造的产品在推广上或者运营上出现一些问题，创业也不会死掉，因为有这样的客户资源在支撑着。这样我们就有了一定的犯错误的空间，弹性会比较大一些。

另外，我觉得创业最重要的就是打死你都不放弃，因为不管谁创业，都会遇到自己意想不到的艰辛过程，所以一定要有充足的心理准备。

文/杨硕

点 评

梅花天使创投创始合伙人/黑马顾问 吴世春：

创业都是在有限的资源（人力和资金）范围内做正确的事情，有的创业团队起点高，一开始就有资本的支持，可以专注于公司发展方向进行投入。有的创业团队起点低，在没有资金或者很少资金的情况下，生存下来成为最重要的任务。但这个不存在好坏差别，只要保持前进的方向，就在往成功的路上迈进。

创业最怕的是没有理想，为创业而创业。那样在每个选择的岔路口就会迷茫。有理想才能保持一个前进的方向，才能说服自己，进而说服团队一起坚持向前走，度过困难时期。

资深创业研究学者/黑马顾问 龙真：

技术、产品和需求是三个层面的东西，在创业过程中的地位非常不一样。创始团队有一个技术，然后做出一个自己觉得好的产品去卖给自己认为有需求的客户。这是一个非常有问题的逻辑，也是非常典型的“自我”逻辑。创业的第一条就是去除“自我”逻辑，完全站在客户的角度，用他的需求来看问题。

像文中这样的做工具的创业团队往往会陷入自己设置的“自我逻辑困境”。因为对他来说，工具有很多方向可以做。所以他就很难做到专心地面对一类客户，所以他也就在客户以及他们需求的满足上往往蜻蜓点水，做不到“极致追求”，最后往往就是根本就不知道客户的痛点，方案不符合客户潜在需求，被客户抛弃。创始人跟出版社谈判的反思就是一个最好的例子。

此外，需要特别值得警惕的是，创始团队的分崩离析往往不是长期没有效益的问题，而是愿景不明晰的问题。因为短期内没有收入，甚至疯狂烧钱，还看不到希望的创始团队大有人在，在这种情况下，创始团队的文化建设，特别是愿景建设就显得非常重要。其中，“爱客户，为客户解决难题是我们的荣耀”是其中最重要的一个方面。但当客户在哪里、客户的需求是什么都无法完整描述的时候，创始团队的分崩离析一定是难免的。

4.生死团宝

试错人：任春雷
项目名称：团宝网
主营业务：团购网站
试错时间：2010年4月
—2013年6月

还没有一个生意这么快地被证明不适合人类经营。

团购2010年进入中国，用一年时间迅速繁殖，用不到一年时间加速死亡。团购网站数量从最高时超过6000家降至目前不到900家。而幸存者的余生即将走到尽头。

动辄上亿美元的融资让这一行业的众多进入者忘记了做企业需要核算成本。他们把一个智力游戏简化成了体力劳动，创业过程从超常规模的融资、招聘、广告毫无过渡地走向再融资失败、裁员、倒闭。

在集聚了人类杰出智慧的互联网上，他们表现得像一群腰裹兽皮的史前狩猎者。

刚刚经历了死里逃生的团宝网创始人、CEO任春雷不会同意对他所在行业的这种描述（幸好我们要讨论的是另一个题目）。那么，我们陈述事实部分。2012年春节，团宝网走到了上述最后一个环节，钱已花光，濒临倒闭。

团宝网的最大股东已经决定放弃。讨薪的员工和要债的商家营造的热闹气氛让团宝网总部的春节在假期结束后继续。任春雷在传言中“不知踪迹”、“转移资产”。而在任的讲述中，这时候，他正在艰苦地寻找愿意舍身饲虎的投资人（对融资渠道半年前已经关闭的团购行业，这是普遍的看法）。他与每一个可能的救助者谈论“责任和理想”。为了续命，他倾尽积蓄，抵押房产。

一个月后，这个不屈不挠的创业者坐在他的办公室里对作者说：找到了。协议尚未最后签订，团宝网的员工从鼎盛时的2300人减至不足200人，但至少，这家公司在最后一环前面暂时停住了脚步。

所以，这首先是一个关于坚持的故事，一个创业者如果不愿意破产，他要克服哪些困难？它可能也关乎一个创业者对他的“坚持”所做的判断：如何才能保证“责任和理想”没有明珠暗投？

钱

2012年2月23日，距离传出“任春雷跑路”消息一个月，作者来到团宝网北京总部。

办公区的一部分因为电路故障没有照明，墙上悬挂的“引领者开创者”之类的牌匾显得沉默。一个远道而来要账但还未拿到的商家显然已经没有了一个月前的惊慌，正在向接待他的团宝工作人员表达对团宝的信任。接待者拿出香烟：“去年我们砸了那么多钱，能说跑就跑了？”一位EMS快递员来到前台递送来自法院的一份快件。一位女员工在前台反复大声要求物业的电工尽快恢复供电，而不顾（她可能并不认识）公司的公关总监和记者就坐在旁边。

任春雷解释堵车导致他迟到了半个多小时。20天前，他就是在这间办公室兼会议室里，向近200位追讨欠薪和离职补偿者请求“再给我一点儿时间”。

2011年下半年，在拉手、高朋等一线团购网站大幅度裁员后，团宝网曾经宣称的新一轮融资失败。

任加入了撤站裁员的行列，但他的速度不够快。2012年1月20日，团宝网的发薪日，员工们发现工资卡上的数字没有变化。在这个已经变得风声鹤唳的行业里，这是一个危险的信号。

任的运气不好。2012年的除夕比2011年提前了11天，是1月22日。春节对于中国人的重要意义加重了工资欠发引起的恐慌。1月24日，大年初二，微博上传出“第一个跑路的中国排名前十的团购网站老板已经出现”。

任对1月20日的来临早就有了恐惧。他的希望在于说服团宝网的原有股东们继续注资。“虽然可能性越来越小，”任说，“但我总还是在希望，最后一刻他们能醒悟。我不愿意放弃，因为这里面有我们的心血，有我们两年的命在里面。股份制，意味着有收益大家一起分享，危难时大家一起搭把手。”股东们没有被说服。团宝网最大股东（投资超过1亿元）的代表（也是这一投资的牵线者）表示，他看不出三个月后死与现在死的区别，而现在死还能省下一笔钱。

直到22日，任还在幻想：“股东们打来了钱，说，对不起，晚了。”随着春节联欢晚会的结束，任彻底失望，“别人也失望了，这个事情就传开了。”

任在三亚度过了春节。这是既定计划，春节在海南与亲友团聚。看起来，任并没有人们想象的那么惊慌。事实上，任否认在整个过程中曾经慌乱，因为“于事无补”。据他说，前往三亚的另一重要原因是，一个潜在的投资人在那里，是任中欧工商学院的一个同学。任说，这位同学给了他“底气”。同学表示，如果任所有办法用尽，他会提供帮助，但只是借钱（似乎可以看出这位“同学”对团购行业的态度），不参股，不要利息。

任继续寻找。1月26日，大年初四，一大早，任出现在天使投资人薛蛮子的北京家中。很快，他已看出薛绝无投资意向。当他向薛叙述自己与最大股东的代表意见相左后，薛指出，任与最大股东犯了同一个错误，缺乏直接沟通。按照薛的风格，“投了这么多钱，还不每星期跟创业者洗个澡，每半个月捏个脚？”而通过“翻译”（指股东代表）交流，“翻译”的个人意见将左右投资人的判断。有在座者提出，为什么任不选择前往老家河南面见其最大股东，薛代为回答：不可能了，亏到这种程度已经不信任他（任）了。

1月29日（初七）春节假期结束之前，任春雷接触了五六位投资人，还有两家有可能并购团宝的“大公司”。任对团宝网的资产价值深信不疑：首先是域名，团宝因为抢注了Groupon.cn以致Groupon进入中国只能取名“高朋”，任为这一域名估值150万美元。其次，是团宝的“几百万付费用户和几千万注册用户”。最后，是拥有团购经验的“我和我的团队”。

尽管一些知名投资人有不同看法（他们公开表示团宝“并购价值几乎没有”，因为替代极易），但这是任的信心所自，毋庸置疑。任记起20世纪90年代初在沈阳航空工业学院（现沈阳航空航天大学）读书时所写笔记：危机就是转机，处理得当就可能变成良机。“这些话别人都说过，不过我自己领悟又不一样。”这些如今已被滥用的励志格言对一个处于困境的创业者究竟能起多大作用，不得而知。

事实是，1月29日早上8点20分，任比往常提前了两个小时来到办公室。他有了“底气”和部分解决办法。他甚至已经想好了自己的悲壮形象：他将是下一个史玉柱，破产后二次创业，偿还所有债务。

在之前一天的微博上，任春雷写道：“危难是人性的试金石。我不会跑路！这不符合我的性格，1996年我在自己的创业纲领里就说，不屈服，不妥协，不丧志，不言败，不诬陷。说我跑路？世界虽大，往哪里跑？生意有赚有赔，赔了再赚何需要跑？未到盖棺定论之时，别人舍得跑，我不舍得！马云说得对，男人的胸怀是被委屈撑大的。不恨，不放弃！”

任对自己将要面对的混乱场面有足够的估计。他事先报了警，请所在地派出所前来维持秩序。200多位在职和被裁（占了多数）员工陆续赶来，任春雷的如约出现可能出乎他们的意料，但对于工资和离职补偿的渴望让他们很快就忽略了这个事实具有的意义。

任和他的部下反复向这些员工宣讲：任总在坚持，要给他一点儿时间。如果非逼着今天解决所有的问题，把他的坚持逼成崩溃，那么公司只能申请破产。那时候，你们或许能拿到钱，但可能是在几个月甚至更长时间之后。而现在，他只要半个月。

任保证说：“不管发生什么事，我都站在你们这一方，因为我跟你们一样，也是拿工资的。公司不仅欠你们工资，我的也没有发，而且我一定是最后一个发。你们应该支持我，只有我才能保护你们的权益。你们反而挤对唯一能保护你们的权益的人，不理智。”

可以想象用谈话使激动的人群“理智”下来的可能性。接近凌晨的时候，仍然无法脱身的任拿出事先准备好的30万元现金，期望让“死活今天要拿到钱”的员工离开。“我得出去找钱，”任春雷对作者说，“在这儿解决不了问题。”

30万元，据任说，来自他自己的积蓄，当时公司账面上已经没有钱。本来准备了20万元，由于对人数估测有误，又临时追加了10万元。

“（每个人）500（元）也好，1000也好，是让大家看到我的态度。”任希望这一举动能够换取人们的理解：你已经这么表示了，那么我们等一等也是可以的。“我高估了人们对问题的认识能力。”一些拿到钱的人离开了，那些本来并未打算“鱼死网破”的员工受到刺激，意志变得更加坚决。

次日凌晨6点，任送走了最后几位员工。

有两个拿到部分离职补偿的原呼叫中心的姑娘对任说：“不好意思任总，今天我们俩是嚷得最凶的。”

全程跟随的派出所政委表达了对任的赞赏：“任总，我觉得你行。你处理问题的方法和步骤，行。”

“今天这么多人在闹，”任回答这位以“做思想工作”为业的“政委”说，“大家都认为这是很大的危机。我不把它当作一件坏事，我当它是一个锻炼和证明自己的机会。这种时候过去我也没有经历过，所以是锻炼，同时我也证明自己是在面对，在坚持。”

两个小时后，任春雷发微博说：“昨天一天，直面员工；今天深圳，四处筹钱；明天团宝，被迫开放？在路上，太累、太难、太苦！坚守中，不恨、不放弃！”

“核心问题很简单，”任春雷说，“网络传言也好，骂声也好，都离不开一个东西，钱。把这个问题解决了，一切都解决了。讲道理没有用，有些人会理解，但多数人不理解。人家也没有义务去理解你。”

30万元解决不了“核心问题”，团宝网的“假期”不得不延长。支付所有的欠款，需要大约1000万元。任春雷向股东们建议大家按同比例出资共渡难关，仍未得到多数人响应。

2月初，任以自己在北京的房子作抵押，向在三亚给了他“底气”的那位同学借得数百万元。大多数股东对任的行动表示沉默。任掩饰不住地愤怒：“你们都是富豪，我是穷光蛋（他们也曾经讽刺过任说“你是穷光蛋”），这些年创业，除了拿工资，什么都没有。那么，一个穷光蛋都把房子抵了出来，你们还不拿吗？你们应该拿，不拿，我鄙视你。”

股东们已经失去了信心。在还债问题已经初步得到解决后，任春雷仍然接到最大股东代表的短信：是你在坚持啊。“他的意思是，”任说，“我们都不坚持了。你要是不坚持，不就没这种煎熬了吗？”任回短信表示了自己的不理解：“留得青山在，不怕没柴烧。他当然有不继续投资的权利，因为他认为公司过三个月死跟现在死没区别。问题是，他怎么知道过三个月必死？”

任春雷清楚对方并非故意与自己作对。他想必也明白，同样的问题对方也可以问：你怎么知道过三个月必不死？

不要钱

2012年2月7日起，任春雷抵押房产得到的钱与部分股东的出资，按照工资和消费者退款优先、离职补偿和商家稍后的原则，陆续用于清债。员工数量已不足200人（任春雷规定暂时不接受辞职）的团宝网复工。

任并非莽夫，当他决定抵押房产时，他已经看到了再次融资有很大希望。

在谈论那个神秘的投资人之前，更准确地说是在这次采访一开始，任不顾我们的问题，径自说起自己的失望。他对股东的失望我们已经写到。“其他创业者在融资的时候不妨问投资人一句，”任给我们总结说，“如果有一天出现了团宝今天这样的情况，你会怎么办？如果他也是说你自己想办法，你不选他也罢。”

让任不能忘怀的还有员工的背叛。第一个发布“任春雷跑路”消息的人就是团宝网的员工。还有一位，“我比较看重，过去经常在大会小会上表扬他，这次却跳出来反对我，几乎是指着鼻子骂我，好像以骂我、让我名声扫地为乐趣。”

任可能还未认识到，对于一个创业公司，无论投资人还是员工，最初都是为利益聚集到一起，“核心问题是钱”。对创始人及其理想的认同和忠诚，无法在两年中靠不计成本地花钱建立起来。

通过朋友介绍，任春雷见到了有意投资团宝网的人。他们在北京国贸附近吃饭，席间，这位据任春雷说比自己小两岁，在深圳、上海、北京皆有公司的做传统行业的企业家询问，团宝需要多少钱。任回答说几千万。之后，此人两次问起“几千万”可以占多少股份，任“没有回答”，因为他需要与股东商量。

第二天，任春雷打电话告诉该企业家商量的结果，“这个时候肯定是最便宜的”。对方表示同意，提出在入股前与团宝网原有股东见个面，“如果彼此不能配合，股份再多也不会投”。

股东们对这位拯救者的兴趣似乎并不太大。任春雷说，他们在一些协议条款上斤斤计较，以致任难以理解：为了一点利益，宁肯让已经投了近2亿元的公司破产。那位最大股东的代表竟然经常直言不讳：破产就破产。尽管任有时也会客观地看待投资人的止损行为，但更多时候，他认为他们的做法“无论从道义上还是从放弃的机会上讲都不对”。

任为自己的“坚持”付出了代价、失眠、血压居高不下，在上海，因为血压过高，还打了一次急救电话。任现在很担心自己会由于高血压而“血管爆裂”。

投资协议目前还没有签订。一个问题是，即使拿到了那个“几千万”，以团购行业的花钱风格，它能支持几个月？半年前，任春雷曾对媒体说，他可以容忍每月亏损“不超过2000万元”。

任的回答是，重新开业的团宝网已经不需要那么多钱了。

1月29日早晨，在前往总部证明团宝网没有倒闭、任春雷没有消失之前的几个小时，任突然“想通了”。春节期间，有人在网上给任春雷留言：你看看节后还有没有一个人再跟着你？任答复说，我从来不奢望在这种状态下任何一个人还跟着我，但如果有人愿意，我也不拒绝，即使就剩下我一个人，我也会扛着。那天早晨，任开始认真地想这个问题：如果今天真的一个人也没有了，我怎么办？

那意味着团购的项目将降为零。那么，如何在没有销售人员的情况下吸引商家参加团购？“我当时想，每个商家只收一块钱，但后来想一块钱都是门槛，是障碍。我实际上连收一块钱的资格都没有了。”

于是，销售和客服不需要了，商家会主动上门；财务结算人员不需要了，团宝网此类员工最高时多达“200多人”；团购项目的网页编辑和设计人员不需要了，商家可以自己设计上传，也可以购买团宝网提供的设计师（他们可领到基本工资）的服务，而设计师的收入如果超过一定限度，团宝网将与他分成。

随之，商家服务态度不好会因为消费者现场付费而改善，消费者无须预付也就不再存在退款问题，商家不用再向网站追讨尾款，他们绕过团购网站截留消费者的“潜规则”将彻底消失。“开放和分享是互联网的根本价值，”任春雷说，“团宝将是一个免费通过的桥梁，商家怎么会不欢迎呢？”

因为“不要钱”，团宝网将脱离“成本太高，毛利太低”的恶性竞争，成为“交易额最大的团购网站”。

尽管任春雷认为团购网站目前的商业模式“短期内看不到希望”，但如果有人指责团宝网曾经烧钱，管理混乱，他并不同意。“我不认为是混乱，但我认为存在一定的问题。没有一家企业包括世界500强的管理不存在问题。我也不觉得是烧钱，而是花钱。作为一家互联网企业，我们其实也没花多少钱，两三千万美元对一个互联网企业算多吗？而且比起我们的同行，我们做成这个规模才花了这么点儿钱。互联网就是这样，你只有花钱才有可能继续融资。”

无论如何，现在，团宝网将完全免费。“小规模的团购网站不敢这么做，因为它的影响力没我大。大规模的都奔着上市去，也不敢做。”

于是，“我们有望做成团购行业里的‘淘宝’。”

看上去很美。但是，团宝网将成为一个公益网站吗？它靠什么赚钱呢？

任春雷说，他已经有了具体的步骤。“如果有幸能成的话，不是我多聪明，是被迫的。”

后记

2012年12月，新团宝网正式上线，此前的团宝网域名groupon.cn自动跳转到新域名tuanbao.com。任春雷把新团宝网做成了平台模式，在这里用户可以自主发布团购信息和项目。但是新团宝网的发展并不顺利，用户数和团购量始终上不去规模。

在几个月后，团宝网官网就已经无法打开了，任春雷的微博也于2013年4月后停止更新。

任春雷的生死一搏没有成功，团宝网，最终还是倒了。

文/刘建强

点 评

E店宝创始人/黑马营师兄 陈涛：

商业的本质还是趋利，无论是创业团队还是投资人都不是只求付出而不计回报的“天使”。因此，能否构建值得期待和信赖的盈利模式，并有计划有步骤地证明给所有人看，是企业持续获得支持和投资的必要条件。

团购网的最大症结，就是根本说不清楚自己的盈利模式，又如何能让投资人坚定信念从而持续投入？

5.可以跪下的创业者

试错人：刘海礁
项目名称：匿名
主营业务：中小学教育
试错时间：2003年—2008年

“人生生来苦难重重”，作为一个连环创业者，韦德教育创始人刘海礁比任何人都更能理解这句话背后的沧桑与含义：挫折、尊严、泪水、下跪，这些交织在他创业的前半生，悲情总是与他的命运交织。很多年后，也许他已经老得动不了，坐在夕阳下的他一定能想起自己像小说一般的人生。以下为韦德教育创始人刘海礁自述。

我的创业之路

我出生在东北，所以性格上有着鲜明的东北人特点：江湖侠义，真性情，胸襟广。在大学毕业之前，我从来没有想过自己会成为一名创业者，但是命运总是很奇妙，它用意想不到的方式将我推到另一条路上。

如果没有19岁那年的一场突然遭遇的人生变故，也许我会和其他千千万万个大学毕业生一样，生命的轨迹一成不变。高考前两个月，我父亲去世。我直到现在依然清晰记得父亲当时就死在我怀里的情景，虽然有时候我并不愿意去想。从那个时候起，我就暗下决心，一定要改变自己的命运，再也不让家人会因为没钱看不起病。

经历苦难的人，都会比同龄人早熟，这可能是苦难带给我们这样孩子的一大好处。我显然要比同龄人更早开始考虑生活的重担，当其他同学还在花前月下的时候，大三的我就决心创业，我这样的穷孩子，不创业，等待我的肯定是更加悲惨的命运。2003年，大三的我借了600块钱就开始创业，和我的同学在沈阳创办了一个英语培训班。

我清晰地算了投入产出比，决定把600元钱全部用来印刷传单，我当时想4分钱一张传单，600块钱能印15000份，发出去，一个学生收900元。上课是自己上课，教室是自己家的房子，所以，除去宣传成本，理论上我只需要招到一个学生就能轻松回本，风险是很小的。最终，我发出去15000份传单，来了20个学生，收入18000元，第一次尝试成功了。

这整个暑假我都在忙碌中。这个培训班口碑不错，上课实在，所以接着来了更多的学生，这让我明白口碑效应永远很重要。由于是周期性的培训，短短的一个暑假之后，我回学校去了，但是这个班我并不想丢，于是让我的妈妈和我的同学继续办这个班，这个班为后来成立新动力培训学校奠定了基础。

回到学校之后，我的培训班继续招生。当时只有一个念头：赚更多的钱。但培训班的现状并不能让我满意，我做出了一件让现在人也许都无法理解的事情——通过下跪的方式请到了一位名师来到我这个作坊式的培训班任教。我觉得要想赚更多钱就必须请一个有来头的老师。经人介绍后，我去她家里，一进门我就扑通给她跪下了，求她来上课，她被我感动了。后来这位老师，给我介绍了很多很好的老师，这让我的培训班有了竞争的砝码。

这当然只是我这个培训班能成功的因素之一，我还干了一件和当时并不一样的事情：提供明显高于当地周边市场竞争性价比的课程产品。很多干我们这行的人，招到20个学生的时候，比如一人一堂课收20元，合计400元，老板通常会自己留至少200元，甚至300元，只给老师100～200元。而我不但不留，还要多给，比如用500元请老师。所以我这样20人的班型，20元每节的收费，对应的师资水平，也就成为了一种竞争力。而且孩子都会听课，也都能听出哪个老师讲得好，哪个老师讲得不好，

结果这几件事情让我的培训班一下子火了起来。到2005年我辞职下海、创办新动力的时候，学员人数已经达到400人。

可以下跪的创业者

理论上，接下来的成功应该是水到渠成，但是成功并不如想象的那么简单。大学毕业之后，我并没有一开始就创业，我觉得自己还不够成熟，所以，我一边在一所学校任教，一边继续经营着我的补习班。直到有一天，我突然觉得，我在学校已经做到班主任了，如果继续待在学校有误人子弟之嫌。同时，家里补习班的收入已经是我工资的十多倍，我那时候只有2000元一月的薪水。我还不如辞职出去全职创业呢。

我是一个执行力非常强的人，说做就做。之前创业还算顺利的我遭遇到了一个新的难题：之前的培训班场地已经无法满足需求了。所以，我决定先从扩大场地开始。我看中了我们小区临街一个500多平方米的售楼处，想用它来开学校。我想说服物业的老板能够以租金10万元的低价租给我，并且投资给我另外的50万元来开培训机构。于是我写了一份商业计划书，然后反复去找这个物业的老板，这个老板很多时候都在国外到处出差，我很难见到他本人，有时候一见到我只听我说10分钟就走

了。但是我并没有放弃，后来有一次，这个老板对我的执著和纠缠给惹怒了，一口气薅着我的脖领子，从五楼给我薅到一楼。当时我感觉自己的自尊荡然全无，在学校当老师，当班主任，从没受过这个气，就算校长跟我们这些老师说话也是客客气气的。回来后我找个没人的地方开始哭，当时年轻，血气方刚，真想一甩手，骂一句："去你妈的，老子不干了行不？凭什么薅我脖领子？大不了回学校还是教书去！"但是，我还是忍住了。后来这个老板最终给了我50万元。

这只是我创业中的一次小经历，大的风暴总在更后面。2007年，我搞了个名叫"中考志愿填报咨询会"的会销活动，办在我们家小区业主会所前面的场地上。当天晚上，我陪一个中学的校长正吃饭呢。突然物业来电话，让我终止第二天的会销，说是业主委员会不同意把这种商业行为的会销开在小区里。我立即赶回去。我到的时候，物业办公室里坐满了业主代表。怎么商量也不行，就是不让我开，物业经理说情也不行。最后物业经理就跟我商量，让我第二天别搞了，或者换地方，我交的2000块场地费，双倍退给我。这是我维护了几年的中学渠道关系，光市场宣传就做了一个月，第二天一早八点就开始了，这大半夜的，我上哪儿换地方去？几十个业主代表，起哄似的，说啥就是不同意。还嚷嚷着说，今晚不撤走展台，半夜动员居民一起去给我拆了。

最后，会销如期举行，业主也没有一个来闹事的，钱也一分钱没花。很简单，不要面子就好了。当时我当众跪下，谁反对，我就给谁磕头，使劲磕，挨个磕头，最后好多人，没等我磕到他那儿就不好意思地走了。第二天，会议如期举行，不但没有受到很大的影响，当天辽宁卫视还派来了记者进行采访，说我是"便民服务"。当地派出所出动了两台警车，来了十几个警察，给我免费维护现场治安。这一个事儿，我就在沈阳一炮打响了。所以，很多时候，危与机只在一念之间。

经历了这些风波之后，我的事业慢慢走上了正轨。但是内心里面的疑虑却让我遭遇了真正意义上的挫折。那个时候我已经买了几套房子，有了几百万的存款。突然间人生没有了追求。当时，我已经有了几百万，每每会沉醉在从借600块钱起家到现在的辉煌。自我膨胀开始油然而生，事业心没了，开始贪图享受，2008年，我卖掉了学校，不想受累了，开始享受了。2008年1月到2009年4月，我什么正事都没做，就滑雪、骑马、旅游和炒股票。直到炒股一夜之间损失了60万元，最后钱花光了，口袋里只有3万块钱的时候，我突然想起来还有一件事儿没做，就是我老爸当年死后，因为家里没钱，没买墓地，后来我一路创业，也顾不上，我就用了两万八千多给老爸买了块墓地。给老爸下葬后，油箱里加满油，把车停在库里，出去找工作，开始了我一年多的打工经历。等我找到工作领了第一个月的工资后，我才重新开车。

在重新找清楚自己的方向的时候，我断断续续在多家教育机构工作，之后，我重新创立韦德教育，走在新的路上。

题后：

“中国的英雄是可以跪的，甚至可以从别人的胯下钻过去”。这是中国合伙人中成东青的真实写照，而刘海礁的两次下跪显然与成东青的跪不谋而合。跪下的创业英雄不但没有矮化自身的形象，反而在精神上有了更坚韧的站立，从这个意义来说，跪下去是为了站得更稳。

采访/梅初九

文/王静静 韦龑

点 评

资深创业研究学者/黑马顾问 龙真：

创始人的几次下跪有着完全不同的诉求。向老师下跪是“资源”获取，把外部人变成“团队成员”。“求物业老板投资”也同样是“资源”获取，转化为自己赖以生存的“内部资金”，供摊销“成本”。而“跪求业主同意办会销”则是“运营”手段，跟获取团队和获取投资是两个完全不同层级的逻辑。前两者解决的是生存问题，后者解决的是发展问题。以尊严换取生存，让人叹息的同时可以理解；但以尊严换取发展，这是一种危险的道德倾向。

中国社会是“商业”社会，但中国更是“人情”社会。

从商业的角度来看“下跪”这个事，其实是一种投入产比非常高的“营销”路径。通过“零成本”的方式，来解决最核心的资源获取问题；通过“零成本”的危机公关，免除大量的潜在客户流失，这都是非常高明的“营销术”。

把“商业问题人情化”这个逻辑在中国屡试不爽，特别是针对企业客户更是如此。通过正规的商业谈判途径搞定一个公司很难，但通过人情的途径搞定一个公司的某个核心决策人相对容易。

作为创业公司，为了生存压力，我们有时候需要采取一些“商业问题人情化”的举措，但这是无奈之举，而且也要在不涉及商业贿赂和商业道德的前提下进行。如果把“商业问题人情化”作为一种刻意为之并洋洋自得的“营销手段”，这个创始人有可能获得很大的营收，但作为一个社会人，他的尊严和道德都将会被大众所不齿。本案例中创始人确实是用人情获取资源和进行运营的高手，但这不应该成为主流的创业公司可效法的样板。

同时，缺乏系统化的创业打法，把“人情”和“人际关系”作为核心秘笈的创始人们，往往都是创业价值观上的“矮子”。

案例中创始人拥有了几百万的存款和几套房产时，就完全陷入了创业的迷茫，这就是最典型的创业价值观不正确的问题。相信有了第一次创业跌宕起伏的经历，他的第二次创业，在这方面会有大的改观。

点评人介绍

黑马营导师

何伯权

原乐百氏集团创始人，今日投资董事长，知名企业家、投资人。今日投资专注于消费与服务行业的早期项目创业投资。现已投资包括医疗、金融、电子商务、现代农业、连锁零售等二十多个项目。其中爱康国宾健康管理、诺亚财富管理、万乘金融及七天连锁酒店等已成长为当今国内的行业领先者之一。

金鑫

学大教育创始人。金鑫先生在大学毕业后，曾经从事互联网相关工作。2001年9月，与两个志同道合的伙伴一起创建学大教育，并首创个性化教育辅导模式，实现了真正意义上的“因材施教”；成功实现个性化教育在全国范围的市场化运作，解决了一万四千多人的就业问题。

2010年11月2日，学大教育集团在纽交所正式上市交易，共融资1.467亿美元，成为迄今中国赴美IPO融资规模最大的教育类公司。目前学大教育已成为国内最大的中小学个性化辅导机构和个性化辅导领域的领导品牌。

蒋宇飞

北京壹人壹本信息科技有限公司总裁，背背佳、好记星、E人E本创业团队核心成员。国内跨媒体营销的研究者及实践者，曾获艾菲广告金奖，在营销模式、媒体价值评估、系统营销管理等方面具有丰富的运营和实践经验。

陈生

天地壹号饮料股份有限公司董事长、广东壹号食品股份有限公司董事长。北大经济系毕业，清华EMBA。曾任职广州市委办公厅，上世纪90年代初下海经商。从事过房地产、酒业、食品等行业，现主要业务集中在食品饮料行业。

其中，天地壹号是全国最大的醋饮料品牌，占全国市场份额超过40%；壹号土猪是全国高端猪肉的第一品牌，近千家连锁店遍布珠三角及北京、上海等地。

冯卫东

天图资本创始合伙人、首席投资官。天图资本被誉为“中国消费品投资专家”，专注于投资品牌消费品企业，目前管理着6只人民币基金，管理资产市值超过60亿元人民币。知名投资项目包括周黑鸭、德州扒鸡、八马茶业、甘其食包子、饭扫光下饭菜、小西牛老酸奶、福奈特洗衣、汤城小厨、三泰电子（速递易，002312）、凤凰医疗（HK01515）、慈铭体检（002710）等。

邵红霞

达晨创投高级合伙人。2000年加盟达晨创投，是达晨创始成员之一。过去的14年间，邵女士和达晨团队一起成功投资了200多家优质企业，40多家已成功退出，其中的爱尔眼科、福建圣农、蓝色光标等多个项目备受业内瞩目和称赞。14年的积累和坚持，塑造了达晨在中国私募股权行业的专业品牌。目前，达晨凭借优良的业绩、优秀的团队，已发展成为本土最活跃、最专业的人民币基金管理机构之一。

黑马营师兄

张浩

快乐学习教育科技集团总裁。1980年出生于安徽合肥。2005年4月，张浩就读厦门大学企业管理硕士研究生期间，在厦门注册成立快乐学习子女教育工作室。2006年毕业，获得厦门大学企业管理硕士研究生学位。2007年4月，注册成立厦门市思明区快乐学习教育培训学校，任校长。2008年6月、2009年1月，先后注册成立厦门、上海韦尔培教育科技有限公司。

马杰

创新工场家族成员——安全宝项目CEO、原创新工场技术总监、原瑞星研发总经理。

陈涛

笔名如来，E店宝创始人。中国ERP领域研发及企业管理专家，北京电子商务协会副会长。成功为上百家企业提供电商咨询和落地服务，如宝洁、十月妈咪等。曾荣登2012年《财富》杂志中文版 “中国40位40岁以下的商界精英”榜单。

黑马顾问

吴世春

梅花天使创投创始合伙人。投资了唱吧、基调网络、玩蟹科技、水滴宝宝、海玩网、赶火车、提分网、火球网、蜜芽宝贝、品致幻想等20多家互联网和移动互联网公司。

胡翔

黑马基金合伙人，资深投资与投行人士，在投资以及企业融资、并购、上市方面拥有丰富经验。胡先生在早期为某高新技术企业的共同创始人并为公司引进风险投资。曾先后在德勤会计师行从事审计，在日盛嘉富资本（香港券商）负责企业的上市、跨境融资与并购、资产管理，在国金投资领导跨境并购业务，并发起创立了君华资本，募集并管理北京东方汇富创业投资基金。现领导黑马基金致力于优秀黑马企业的发现、投资和助力成长。

龙真

资深创业研究学者，曾就职于《创业者》杂志社、i黑马网，科技博客创见联合创始人。